tredition®

www.tredition.de

AF196316

Erik Kraatz (Hrsg.)

Die Aufgaben einer Hochschule für den öffentlichen Dienst im 21. Jahrhundert

Redebeiträge und Thesen des 30. Glienicker Gesprächs 2019

© 2019 Erik Kraatz (Hrsg.)

Die Beiträge dieses Werkes wurden von den Autor/innen in Ausarbeitung ihrer Vorträge ausdrücklich für diesen Tagungsband erstellt.

Verlag & Druck: tredition GmbH, Halenreie 40-44, 22359 Hamburg

ISBN
Paperback   978-3-7497-6215-6

Bibliografische Information der Deutschen Nationalbibliothek:

Die Deutsche Nationalbibliothek verzeichnet diese Publikation in der Deutschen Nationalbibliografie; detaillierte bibliografische Daten sind im Internet über http://dnb.d-nb.de abrufbar.

Inhaltsverzeichnis

Grußwort

Andreas Zaby

Präsident der Hochschule für Wirtschaft und Recht Berlin

Sehr geehrter Herr Dekan, Prof. Dr. Knappe,
sehr geehrter Tagungsleiter, Herr Prof. Dr. Kraatz,
sehr geehrte Damen und Herren,

ich freue mich sehr, Sie heute zum 30. Glienicker Gespräch begrüßen zu dürfen. Es ist mir eine Ehre, zu unserer Jubiläumsfeier auch Herrn Staatssekretär, Steffen Krach, willkommen heißen zu dürfen. Herr Krach hat sich als Staatssekretär für Wissenschaft im Berliner Senat dankenswerterweise immer wieder auch für die angemessene Finanzierung des Verwaltungsstudiums eingesetzt. Ich freue mich, dass Sie gleich noch Ihre Worte an uns richten werden.

Ganz besonders möchte ich auch die Referenten des heutigen Abends begrüßen, Herrn Professor Stember von der Hochschule Harz und Mitglied des Präsidiums der Rektorenkonferenz der HS für den öffentlichen Dienst und Frau Professorin Groß von der Kommunalen Hochschule für Verwaltung in Niedersachsen.

Nicht alle kennen unsere Hochschule: Die HWR Berlin gehört mit 11.500 Studierenden zu den großen Fachhochschulen in Deutschland und bietet ein breites Spektrum an Fächern an. Wir freuen uns über positive externe Bewertungen:

Das Zentrum für Hochschulentwicklung und die Zeit sehen auf Platz 1 unter allen Hochschulen Deutschlands im Kriterium „Internationale Ausrichtung". Und unser dualer Studiengang Maschinenbau hat soeben Platz 1 in Deutschland belegt.

Der Stifterverband platziert uns im Gründungsradar, dem Ranking der besten Deutschen Gründerhochschulen, an zweiter Stelle unter allen deutschen Fachhochschulen direkt nach der Hochschule München.

1

Unsere Schwerpunkte sind die Betriebswirtschaftslehre mit angrenzenden Fächern wie VWL, Wirtschaftsrecht, Wirtschaftsinformatik etc., die Rechtspflege, Polizei und Sicherheitsmanagement und Ingenieurwissenschaften und Informatik. Gut zwanzig Prozent unserer Studierenden studieren dual und wir sind die größte Anbieterhochschule für Duales Studium unter allen deutschen staatlichen Fachhochschulen. Wir sind ferner die größte Anbieterhochschule für wissenschaftliche Weiterbildung in Berlin.

Aber ein ganz besonderes Juwel, das ist unser Fachbereich Allgemeine Verwaltung. Hier wird in Lehre und Forschung intensiv mitgearbeitet an der Zukunft unseres Gemeinwesens. Die Absolventinnen und Absolventen sind gesucht wie nie und wir arbeiten gerne und partnerschaftlich mit den Verwaltungen zusammen, um hier unseren Beitrag zu leisten.

Und so ist das diesjährige Thema der Tagung ein besonderes: „Die Aufgaben einer Hochschule für den öffentlichen Dienst im 21. Jahrhundert". Als Verantwortliche in Hochschulen für den öffentlichen Dienst müssen wir selbstverständlich immer globale aber auch regionale gesellschaftliche Entwicklungen im Auge behalten und uns fragen, wie der öffentliche Dienst in zehn, zwanzig oder sogar vierzig Jahren aussehen könnte. Denn so lange werden unsere Absolventinnen und Absolventen dort Verantwortung tragen und den öffentlichen Dienst maßgeblich gestalten.

Also fragen wir uns: Was wird der Staat benötigen, um gut funktionieren zu können? Kann sich der öffentliche Dienst gesellschaftlichen Änderungen entsprechend anpassen? Wird dies auch für den technischen Fortschritt gelten? Herausforderungen allenthalben. Dabei entstehen Paradoxien: auf der einen Seite wollen die Bürgerinnen und Bürger in immer stärkerem Maße beteiligt und angehört werden, sie wollen mitentscheiden. Aber auf der anderen Seite bemängeln sie langwierige Prozesse und fordern schnellere Entscheidungen und Umsetzungen. Die Bürgerinnen und Bürger verlangen strengen Datenschutz und Sicherheit für den behördlichen Umgang mit ihren Daten und gleichzeitig machen sich die Menschen bei großen ausländischen Suchmaschinen und sozialen Plattformen ohne jede Not vollständig transparent. Mit diesen und vielen anderen Widersprüchen wird eine gute Verwaltung umzugehen haben.

Viele Facetten unseres Alltags und Wirtschaftens und damit einhergehend auch unserer Verwaltung befinden sich mitten in einem Umbruch. Die Digitalisierung findet statt und die Hochschulen für Verwaltung spielen dabei eine wichtige Rolle.

Diese Veränderungen sind nicht nur Herausforderungen, sondern in erster Linie auch eine Chance für eine bessere Verwaltung. Eine bessere Verwaltung auch und vielleicht gerade in Großstädten wie Berlin. Dort haben wir durch die Vernetzung der Gesellschaft nun die Chance, die Stadt, ihre Ressourcen und damit letztlich das kreative Potential ihrer Bürgerinnen und Bürger zu entfalten und nachhaltig zu nutzen.

Charles Landry prägte bereits in den 1980er Jahren das Konzept der „creative city". Darin betont der Städteforscher den Wert des kulturellen Lebens einer Stadt, ihrer kreativen Industrie und der dazugehörigen kreativen Klasse. Diese „creative city" brauche auch eine „creative bureaucracy": Nicht nur die Städte und die Städteplanerinnen und -planer, sondern auch die gesamte Verwaltung müssen kreativer werden, um das Potenzial einer Stadt, ihre Ressourcen und damit letztlich ihren Reichtum zu entfalten und nutzbar zu machen.

Er erkannte, dass es sich bei der Digitalisierung nicht um „business as usual" mit ein wenig zusätzlicher technischer Spielerei handelt. Er sieht die Herausforderung, dass solche einschneidenden Veränderungen üblicherweise nicht willentlich und nicht planmäßig geschehen. Dafür würden sich Haltungen, Verhalten und Systeme als zu festgefahren erweisen. Bewährtes dominiere über Mögliches. Veränderungen würden uns vielmehr durch Krisen, technologisches Potenzial und die damit einhergehenden Erfolge anderer aufgezwungen, so Landry weiter.

Die „creative bureaucracy" ist Teil einer „creative", einer „smart city", in der Digitalisierung von der Verwaltung als ein formbarer Prozess wahrgenommen wird. Und jeder Prozess hat ein Ziel – dieses zu gestaltende Ziel beschreibt Charles Landry als eine zutiefst demokratische Stadt mit einem produktiven und lebendigen Umfeld mit hohem technischem Standard. Auf dem Weg zu einer „smart city" mit „smart citizens" bedarf es einer Verwaltung, die dem zweischneidigen Schwert der Technologie, wie es Landry nennt, gewachsen ist.

Technologie ist in erster Linie ein Werkzeug. Wie wir dieses Werkzeug in unserer Gesellschaft einsetzen, liegt (auch) in den Händen der Verwaltung. Der technische Fortschritt kann einschließen oder ausschließen. Er kann überwachen oder ermöglichen.

An dieser Stelle möchte ich kurz vier Punkte anreißen, die entscheidend sein können für die Zukunft der öffentlichen Verwaltung, und für die Ausbildung der „creative bureaucrats" von morgen:

- Die Datenschutzfrage wird immer wichtiger, weshalb eine Infrastruktur benötigt wird, um Individuen die Kontrolle über ihre persönlichen Daten zu ermöglichen. Dies verschiebt die aktuell etablierte Machtposition in Bezug auf die Entscheidungen darüber, welche Daten gesammelt, wie und wo gespeichert werden, hin zum Individuum.

- Wir müssen danach fragen, wem Technologie dient und welche Zwecke sie erfüllt. Städte müssen ständig darauf achten, dass der Ausgleich zwischen öffentlichem und privatem Nutzen gesichert wird. Auf der Suche nach digitalen Lösungen für das Erschließen relevanter Daten sind die Städte Kooperationen mit der privaten Wirtschaft eingegangen. Ein neues Risiko besteht nun darin, dass die Wirtschaft den Wert der Daten erkennt, sich zu Eigen macht und so den Zugang, im Widerspruch zu den allgemeinen Open-Data-Initiativen, wieder erschwert.

- Landry ist der Überzeugung, dass es Ämter mit einer schlankeren Verwaltung geben wird, die wir heute noch nicht kennen – vor allem zur Dateninterpretation und -interaktion. Eine zentrale Aufgabe der öffentlichen Verwaltung wird darin bestehen, diese Interaktionen und Transaktionen zu überwachen und auszubalancieren.

- Die Verwaltungen in Deutschland und aller Welt sind nach wie vor streng hierarchisch aufgebaut – dies hat Effektivitäts- und Effizienzvorteile. Aber die Zentralisierung hemmt die Kreativität. Dezentralisierung und erhöhte Autonomie fördern Innovation und ermöglichen gesteigerte Kreativität, in dem sie das Potential einer höheren Anzahl von Akteuren erschließen.

Wahrscheinlich ist der Weg zu einer tatsächlichen „smart city" noch recht weit. Doch ich denke, dass wir als Hochschulen für die Verwaltung die besten Voraussetzungen mitbringen, um diesen Wandel mitgestalten und unterstützen zu können. Eine praxis- und zukunftsorientierte Studiengangsgestaltung kann den öffentlichen Dienst dabei maßgeblich unterstützen.

Wer sich in der Ausbildung des öffentlichen Dienstes heute an der Verwaltung von gestern orientiert, wird morgen alt aussehen. Die hier Anwesenden wissen das und auch unser Fachbereich ist sich dieser Tatsache bewusst.

> ➢ _Zum Autor:_ _Prof. Dr. Andreas Zaby_ ist Inhaber einer Professur für Internationales Management an der Hochschule für Wirtschaft und Recht Berlin, seit 01.04.2016 Präsident der Hochschule für Wirtschaft und Recht Berlin sowie Vorsitzender der UAS7.

Grußwort: 30 Glienicker Gespräche – 33 Jahre Innovation und Inspiration für Verwaltung und Studium

Robert Knappe

Hochschule für Wirtschaft und Recht Berlin

Sehr geehrter Herr Staatssekretär Krach,
sehr geehrter Herr Präsident Zaby,
sehr geehrter Herr Kollege Kraatz,
sehr verehrte Gäste und
liebe Kolleginnen und Kollegen!

Seit 1987 mit drei Unterbrechungen 1994, 1999 und 2003 tagen die Glienicker Gespräche, beginnend im Jagdschloss Glienicke. Es ist mir eine große Freude, Sie heute zu den 30. Glienicker Gespräche im Namen des veranstaltenden Fachbereichs Allgemeine Verwaltung herzlich begrüßen zu dürfen!

Ich sehe eine Reihe von bekannten Gesichtern, von Stammgästen – vielen Dank, dass Sie den Glienicker Gesprächen teilweise seit langen Jahren die Treue halten. Und ich sehe eine Reihe von neuen Gesichtern – vielen Dank, dass Sie neugierig auf das Glienicker Gespräch und das Thema der diesjährigen Tagung sind.

Am heutigen Jubiläumstag sollen auch diejenigen Personen gewürdigt werden, welche die Glienicker Gespräche über 33 Jahre hinweg initiiert, weiterentwickelt und betreut haben: Detlef Bischoff, Werner Teubner, Peter Heinrich, Hans-Paul Prümm, Dagmar Lück-Schneider und nun Erik Kraatz als Beauftragter des Präsidenten der HWR Berlin für die Glienicker Gespräche. Vielen Dank Ihnen und Euch, dass Sie und ihr diese Tradition engagiert fortsetzt und Jahr für Jahr mit neuen Impulsen füllt!

Anlässlich des 25. Glienicker Gesprächs ist bereits eine fundierte Systematisierung der Historie der Tagungen durch Hans-Paul Prümm vorgetragen und publiziert worden[1]. Um keine Redundanzen zu schaffen oder mich gar eines plagiierenden Paraphrasierens schuldig zu machen, möchte ich heute eine andere Form wählen, um einen exemplarischen Rückblick auf die Geschichte und den fachlichen Diskurs der Glienicker Gespräche zu werfen.

Diese Form folgt dem modernen didaktischen Ansatz der Gamification. Somit möchte ich nun gemeinsam und interaktiv mit Ihnen das „GGQ" spielen – das Glienicker Gespräch-Quiz oder anders gefragt: Wie gut kennen Sie die Glienicker Gespräche?

Frage 1: Aus welchem Jahr der Glienicker Gespräche stammt das Tagungsthema „Bachelorisierung und Masterangebote – Perspektiven der Umsetzung des Bologna-Prozesses"?

Antwortmöglichkeiten:

a) 2001

b) 2005

c) 2008

d) 2013

e) keines der genannten Jahre

[Die Auflösung befindet sich am Ende des Beitrags.]

Frage 2: Aus welchem Jahr der Glienicker Gespräche stammt das Tagungsthema „Informationstechnik an Verwaltungsfachhochschulen in Lehre und Forschung"?

---

1 Vgl. Prümm, Hans-Paul: 25 Glienicker Gespräche - Ein dynamischer Teil der Geschichte der öffentlichen Verwaltung der Bundesrepublik Deutschland, in: Lück-Schneider, Dagmar; Kirstein, Denis (Hrsg.): 25 Jahre Glienicker Gespräche Rückblick und Ausblick, Beiträge aus dem Fachbereich Allgemeine Verwaltung Nr. 22/2014, S. 27 – 41, online unter: https://www.hwr-berlin.de/fileadmin/portal/Dokumente/Fachbereiche-Institute/FB3/Forschung/FB-3-Heft-22.pdf (letzter Abruf am 13. 8. 2019).

Antwortmöglichkeiten:

a) 1989

b) 1994

c) 2002

d) 2008

e) keines der genannten Jahre

Frage 3: Aus welchem Jahr der Glienicker Gespräche stammt das Tagungsthema „Ausländer und Verwaltung als Thema im Rahmen des Studiums an den Verwaltungsfachhochschulen"?

Antwortmöglichkeiten:

a) 1987

b) 1997

c) 2007

d) 2017

e) keines der genannten Jahre

Frage 4: Aus welchem Jahr der Glienicker Gespräche stammt das Tagungsthema „Die Aufgaben einer Hochschule für den öffentlichen Dienst im 21. Jahrhundert"?

Antwortmöglichkeiten:

a) 1999

b) 2000

c) 2001

d) 2002

e) keines der genannten Jahre

Bei Gamification steckt hinter der Unterhaltung und Spielmotivation auch ein konstruktiver Mehrwert. Daher: Quod erat demonstrandum? In diesem Fall möchte ich als Ergebnis des Quiz nun vier Thesen zur Bedeutung und den Aufgaben der Glienicker Gespräche in Vergangenheit, Gegenwart und Zukunft ableiten. So verlangt es die Tradition dieses Tagungsformats ja geradezu ab.

1. Die Glienicker Gespräche sind ihrer Zeit häufig voraus. Sie erkennen und reflektieren wichtige Entwicklungen, noch bevor sie in aller Munde sind. Sie sind ein Themen-Generator und Frühadopter.

2. Die Glienicker Gespräche liefern für die Verwaltungsausbildung und die Verwaltungspraxis wertvolle Anregungen und Perspektiven. Durch das Zusammenkommen von Wissenschaft und Praxis wird ein fruchtbarer Dialog auf Augenhöhe ermöglicht. Der Wert des Gesamtergebnisses ist dabei größer als die Summe der Einzelteile.

3. Die Glienicker Gespräche sind bereits ein Beitrag zur Fortbildung aller Teilnehmenden. Die Auseinandersetzung mit spannungsgeladenen Themen fördert Change Prozesse in den Hochschulen und in den Verwaltungen. Wenn sich Verwaltungen und Hochschulen selbst als lernende Organisationen verstehen, dann kann man ihnen nur empfehlen, Ihre Vertreter/innen an den Glienicker Gesprächen teilhaben zu lassen.

4. Die Glienicker Gespräche sind auch ein Forum der Hochschulpolitik. In den interaktiv generierten Abschlussthesen konkretisiert sich die Meinungsbildung aller Gäste, die zugleich als Multiplikatoren wesentliche Botschaften in ihren Alltag an vielen Orten transportieren. Die hochschulpolitische Artikulation ist insbesondere für die Hochschulen für den öffentlichen Dienst (HöD) wichtig. Die Glienicker Gespräche stellen einen Beitrag dar, die Potenziale der HöD noch stärker in die Wahrnehmung und politische Wertschätzung zu transportieren.

Es sei großer Dank an alle akademischen Leiterinnen und Leiter gesagt und auch an alle Personen, die in den vielen Jahren die Tagungen vorbereitet, organisiert und durchgeführt haben; ebenso an alle, die in den vergangenen 30 Jahren teilgenommen haben – man kann schon von einer kleinen Fangemeinde sprechen. Ohne Sie wären wir auch heute nicht zusammengekommen und hätten in Summe noch keine stolzen 300 Abschlussthesen aufgestellt.

Liebe Glienicker Gespräche: Ad multos annos!

Herzlichen Dank.

Auflösungen:

Frage 1 „Bachelorisierung und Masterangebote – Perspektiven der Umsetzung des Bologna-Prozesses": Antwort b) 2005

Bis heute existieren Diplom-Studiengänge zur Vorbereitung für verschiedene Verwaltungslaufbahnen, bspw. auch an der HWR Berlin für die Rechtspflege. In einigen Bundesländern kämpften oder kämpfen noch die Hochschulen für den öffentlichen Dienst für die Etablierung von Masterstudiengängen und müssen dabei teilweise rechtfertigen, warum dies überhaupt für die öffentliche Verwaltung relevant sei. Schließlich sei doch die Beamtenlaufbahn weitestgehend den Volljuristen/innen vorbehalten, das reiche doch aus bzw. sei einem Fachhochschul-Master eindeutig vorzuziehen, so ein gängiges Gegenargument. Das Thema der Glienicker Gespräche von 2005 ist demnach weiterhin von großer Relevanz, auch gegenwärtig.

Frage 2 „Informationstechnik an Verwaltungsfachhochschulen in Lehre und Forschung": Antwort a) 1989

Das Glienicker Gespräch hat das Potenzial dieses Themenfelds bereits von 30 Jahren erkannt und die Auseinandersetzung antizipiert, noch lange bevor es spezialisierte Studiengänge wie Verwaltungsinformatik oder E-Government / E-Governance gab. Im Kontext der omnipräsenten Digitalisierungsdebatten sind IT-Bezüge in der Ausbildung für den öffentlichen Dienst heute von gesteigerter Bedeutung. Viel wird über E-Learning und IT-basierte didaktische Ansätze gesprochen. Deutlich seltener wird jedoch

11

die Frage diskutiert, ob und welche IT-nahen Ausbildungsinhalte in den allgemeinen, interdisziplinären Verwaltungsstudiengängen etabliert werden sollten. Sollte die Informationstechnik bzw. Informatik neben den Rechts-, Verwaltungs-, Wirtschafts- und Sozialwissenschaften[2] künftig eine fünfte, fest verankerte Disziplin im laufbahnbefähigenden Verwaltungsstudium werden? Die HWR Berlin hat den Modulkatalog in dieser Weise bereits angepasst und u. a. eine zusätzliche Professur für Digitale Innovation in der öffentlichen Verwaltung eingerichtet, die ausdrücklich auch technologische Grundkenntnisse der Digitalisierung in der Verwaltung vermitteln soll.

Frage 3 „Ausländer und Verwaltung als Thema im Rahmen des Studiums an den Verwaltungsfachhochschulen": Antwort a) 1987

Das ist das Gründungsjahr der Glienicker Gespräche; Titel wurden hier offensichtlich noch nicht gegendert. Menschen mit Migrationshintergrund und / oder Fluchterfahrungen in den Rollen als Kundinnen und Kunden und / oder als Beschäftigte der Verwaltung sind ein hochaktuelles Thema. Der Anteil der Studierenden mit Migrationshintergrund ist in unseren Verwaltungsstudiengängen überdurchschnittlich hoch und bietet demnach auch ein erhebliches Rekrutierungspotenzial. Wie tradieren wir Verwaltungsethik, Verwaltungskultur und Werte des Verwaltungshandelns in unseren Studiengängen? Welche Rolle spielen in den Verwaltungen verankerte interkulturelle Kompetenzen nach innen gegenüber Beschäftigten und nach außen gegenüber den externen Stakeholdern? Oder ist die Amtssprache schlicht und einfach Deutsch, womit diese Diskussion dann beendet wäre, wie einige vielleicht meinen? An der HWR Berlin haben wir die Fremdsprachenausbildung kürzlich in Richtung einer praxis- und adressatenorientierten Verwaltungsfremdsprache reformiert sowie das Aufenthaltsrecht als Fachgebiet gestärkt.

---

2 Vgl. Positionspapier vom 23./24. Juni 2005 der Innenministerkonferenz der Länder zur Gleichwertigkeit von Bachelor-Studiengängen und -Abschlüssen mit Diplom-Studiengängen und -Abschlüssen an Fachhochschulen im Rahmen einer Ausbildung für den gehobenen allgemeinen (nichttechnischen) Verwaltungsdienst (Ergänzung zum Positionspapier der Innenministerkonferenz vom 19./20.11.1998).

Frage 4 „Die Aufgaben einer Hochschule für den öffentlichen Dienst im 21. Jahrhundert": Antwort e) keines der genannten Jahre

Das war die „Kontrollfrage", denn so lautet das Thema des diesjährigen Glienicker Gesprächs. Nach fast zwei abgelaufenen Dekaden des 21. Jahrhunderts wollen wir gemeinsam reflektieren, wo wir heute stehen und welche Aufgaben eine Hochschule für den öffentlichen Dienst gegenwärtig und künftig hat. Klaffen die Anforderungen und Erwartungen an die Hochschulen einerseits und die Rahmenbedingungen sowie Ausgangsvoraussetzungen andererseits auseinander? Wie viele Kompensations- und Investitionsleistungen können von den Hochschulen noch erbracht werden? Welches sind die Schlüsselthemen der Zukunft in den Bereichen Lehre, Forschung und Third Mission? Wir schauen einer angeregten Diskussion in den kommenden Tagen entgegen.

> ➤ Zum Autor: *Prof. Dr. Robert Knappe* ist Inhaber einer Professur für Betriebswirtschaftslehre der öffentlichen Verwaltung und seit Oktober 2016 Dekan des Fachbereichs 3 – Allgemeine Verwaltung.

Hochschulen für den öffentlichen Dienst – Grundlagen und Herausforderungen[1]

Jürgen Stember

Hochschule Harz

1 Einführung und theoretische Grundlagen

a) Hintergrund und Einführung

Idee und Anlass einer intensiven Beschäftigung mit den Hochschulen für den öffentlichen Dienst war der große Kontrast zwischen der großen quantitativen Bedeutung der Hochschulen auf der einen und die scheinbar nur marginale Sichtbarkeit und das eher bescheidene Image auf der anderen Seite. Darüber hinaus vollzieht sich gerade aktuell ein grundlegender Wandel und Veränderungsprozess in den Verwaltungen, den es so in dieser Ausprägung wohl noch nicht gegeben hat. Nach jahrelangem Personalabbau suchen die Verwaltungen nun vor dem Hintergrund eines radikalen demographischen Wandels händeringend nach neuem Personal, um ihre Aufgaben weiter erfüllen zu können.

Für die Hochschulen für den öffentlichen Dienst bedeutet das in erster Linie einen Zuwachs von Studierenden, der je nach Bundesland und fachlicher Ausrichtung zum Teil erheblich ist. Mitunter ist mit dem quantitativen Zuwachs auch ein fachlicher Bedeutungszuwachs verbunden, in dem sich mehr und mehr die Hochschulen nicht nur als reine Ausbildungsinstitutionen sehen, sondern sich als „richtige Hochschulen" mit den wichtigsten ergänzenden Funktionen der Weiterbildung, der angewandten Forschung und des Wissenstransfers begreifen.

Auslöser war aber mindestens ebenso die Erkenntnis, dass die Hochschulen für den öffentlichen Dienst in der beschreibenden und analytischen

---

1 Dieser Beitrag stellt eine Zusammenfassung seiner Studie mit dem Titel „Hochschulen für den öffentlichen Dienst – Grundlagen, Herausforderungen, Zukunftsstrategien" dar.

Forschung so gut wie nicht bekannt sind. Und selbst innerhalb der Rektorenkonferenz zeigte man sich je nach Tagungsort immer wieder überrascht, welche Entwicklungen sich an den jeweiligen Gastgeber-Hochschulen ergeben.

Der Beitrag versucht vor dem Hintergrund einer großen Grundlagenstudie deshalb zweierlei: Zum einen geht es darum, die beschriebenen Erkenntnis- und Informationslücken zu schließen und den Hochschulen für den öffentlichen Dienst ein „dokumentarisches Gesicht" zu geben. Zum anderen geht es aufgrund der zahlreichen, empirisch ermittelten Daten Konturen um die Entwicklung einer gemeinsamen Strategie, deren Umsetzung wichtiger denn je erscheint. Denn gerade in der Kooperation der Hochschulen für den öffentlichen Dienst sehen nicht nur die Vertreter der Hochschulen selbst, sondern viele Akteure aus der Praxis sehr große Potenziale.

Die Hochschulen für den öffentlichen Dienst sind Hochschulen für angewandte Wissenschaften (Fachhochschulen) und befinden sich in allen Bundesländern in mehr oder weniger ausgeprägtem Umfang sowie auf Bundesebene. Ihre inhaltliche Fokussierung ist auf den öffentlichen Dienst im weitesten Sinne ausgerichtet, das heißt es werden nahezu alle Bereiche des öffentlichen Dienstes adressiert und in der wissenschaftlichen Ausbildung organisiert.

Die beteiligten Hochschulen verteilen sich im Wesentlichen auf fünf relativ geschlossene und fachlich abgegrenzte Bereiche:

- die allgemeine Verwaltung,

- die Polizei,

- die Steuern und Finanzen,

- die Rechtspflege sowie

- sonstige Hochschulen im öffentlichen Bereich bzw. für spezielle öffentliche Aufgaben, z. B. die *Archivschule* oder *Fachhochschule der Deutschen Bundesbank*.

Auf Bundesebene und auf der Ebene der Bundesländer fassen sie die einzelnen Bereiche oft sehr unterschiedlich zusammen. Teils sind einige Bereiche, z. B. Polizei und allgemeine Verwaltung, zusammengefasst, teils übernehmen die Hochschulen einiger Bundesländer auch die Aufgaben kooperierender Bundesländer. Nicht überraschend ist auch festzustellen, dass nahezu alle Hochschulen ihren Ursprung ausschließlich in der Ausbildung hatten – und zwar in der Regel für den (ehemals) gehobenen Verwaltungsdienst und damit für das mittlere Management in der öffentlichen Verwaltung, wie man diesen Bereich aktuell charakterisieren könnte. Diese zentrale, lange Jahre nahezu ausschließliche Funktionalität der Ausbildung hat dazu geführt, dass in den Anfängen der 70er Jahre die Hochschulen organisatorisch nicht wie andere Hochschulen gegründet wurden, sondern fast immer den Status einer nachgeordneten Behörde der jeweils zuständigen Ministerien hatten („internes Ausbildungs- und Organisationsmodell"; Trägermodell). Die institutionelle und auch letztlich wissenschaftliche Eigenständigkeit war durch diese organisatorische Umsetzung in vielen Hochschulen oftmals nicht gegeben und häufig auch gar nicht intendiert bzw. bis heute auch nicht gewollt, teils sogar aus unterschiedlichen Gründen untersagt.

Zentrale Veränderungen gab es Ende der 90er Jahre des letzten Jahrhunderts, die Bewegungen und erhebliche Veränderungen für die HöD mit sich brachten:

- **Konsolidierung**: Ab Mitte der neunziger Jahre setzten sich in allen Bereichen des öffentlichen Dienstes erhebliche Konsolidierungs- und Sparmaßnahmen durch, die teils bis heute noch wirksam sind. Diese Einsparungen haben dazu geführt, dass die Absolventen der Hochschulen für den öffentlichen Dienst oftmals keinen geeigneten Arbeitsplatz oder nur befristete Arbeitsverhältnisse angeboten bekommen haben. Die zentrale Folge für die Hochschulen war eine deutlich geringere Zahl an Studierenden (oder Anwärtern), da diesen Hochschulen aus den Verwaltungen einfach keine weiteren Studierenden geschickt worden sind. Nicht zuletzt aus diesen praktischen und finanziellen Entwicklungen heraus waren die ab 1998 einsetzenden „Externalisierungen" zu erklären, die erstmals in Sachsen-Anhalt mit dem „Halberstädter Modell" zu beobachten gewesen sind. Die Ausbildung wurde für viele Jahre heruntergefahren. Heute zeigt sich die Situation geradezu umgekehrt, wo es bereits absehbar ist, dass nicht mehr genügend Studienanfänger gefunden werden können. Die allgemeine Zahl der Studierenden gerade in den internen Hochschulen steigt zum Teil ganz erheblich.

- **Modernisierungsprozess**: Anfang der 90er Jahre setzte ebenfalls ein bis heute sich zwar verlangsamter, aber nachhaltiger Modernisierungsprozess in allen Verwaltungen ein, bei dem nahezu alle klassischen Traditionen der Verwaltung auf den Prüfstand gestellt wurden. Alternative Konzepte, wie das „Neue Steuerungsmodell" der KGSt oder das „New Public Management", haben zwar (immer noch) keinen nachhaltigen Durchbruch geschafft, sind bis heute aber in der Diskussion um die neue Verwaltung immer präsent.[2] In den Hochschulen haben aber gerade diese neuen Ansätze nicht unbedeutenden Niederschlag gefunden, nicht nur in neuen Professuren, sondern auch teils in neuen Studienangeboten, die profunde Kenntnisse im „New Public Management" vermitteln.[3]

- **Bologna-Prozess**: Der ab 1999 einsetzende Bologna-Prozess bewirkte ebenfalls wesentliche Veränderungen für die Hochschulen. Vor allem war durch die Etablierung eines zweistufigen Systems berufsqualifizierender Studienabschlüsse (Bachelor und Master), die durchgängige Einführung des „European Credit Transfer System (ECTS)", eine fortlaufende Qualitätssicherung im Hochschulbereich in Form der Programmakkreditierungen und insbesondere in Deutschland eine streng auf Beschäftigungsfähigkeit (Employability) am Arbeitsmarkt zielende Ausrichtung der Studiengänge verbunden. Die notwendigen Akkreditierungen von Studienangeboten erhöhten anschließend den konzeptionellen und operativen Druck auf die Hochschulen, sich entsprechend neu und stärker wissenschaftlich professionell zu positionieren und zu profilieren.

---

2 Vgl. einführend und umfänglich dazu u. a. *Schedler/Proeller* 2003.

3 Vgl. insbesondere einige neue Master-Studiengänge mit dem Titel „Public Management (PuMa)", z. B. der bbgl. Master-Studiengang „Public Management" an der Hochschule Harz (www.hs-harz.de).

Durch die genannten Entwicklungen haben zahlreiche, aber bei weitem nicht alle Hochschulen für den öffentlichen Dienst die großen Chancen der Emanzipation gegenüber den „normalen" Hochschulen erkannt und versucht, ihren institutionellen, wissenschaftlichen oder inhaltlichen Status und Anspruch zu verändern. Die aktuelle Situation ist deshalb nicht nur durch eine erhebliche organisatorische Heterogenität von „internen" und „externen" Hochschulen geprägt, sondern auch durch verschiedenste Studienangebote und -abschlüsse, aber auch durch ein sehr heterogenes Verständnis von Hochschule, Forschung und Wissenstransfer. Die Spannweite reicht von internen, sehr traditionell und schulisch geprägten Einrichtungen bis hin zu ganz „normalen" und eigenständigen Hochschulen für angewandte Wissenschaften, für die alle konstituierenden Merkmale („Three Missions"[4]) einer modernen Hochschule erfüllt sind.

Indes hat sich schon seit Ende der 80er Jahre ein sehr pragmatisches Verständnis der HöD durch die Mitgliedschaft in der Rektorenkonferenz verfestigt, in der alle o.g. Hochschulen vertreten sind. Die Rektorenkonferenz wird durch alle Leiter der fachlichen Einrichtungen und Hochschulen in Deutschland (Rektoren, Präsidenten, Dekane etc.) geprägt und findet zweimal jährlich zum Austausch von Informationen und Erfahrungen an unterschiedlichen und wechselnden Hochschulstandorten statt, jeweils im Herbst und im Frühjahr.

Erst in den letzten Jahren wurde versucht, der Rektorenkonferenz durch unterschiedlichste Aktivitäten mehr und vor allem eine angesichts der Größenverhältnisse eine adäquate Bedeutung zu verleihen. Diese Aktivitäten umfassten u. a. Marketingansätze, Vertretung in anderen Konferenzen und Gremien, gemeinsame Kooperationen und den Aufbau von Netzwerken. Diese sollen den Weg bereiten, sich von dem genannten „losem Verbund" zu einer stärker institutionalisierten Einrichtung mit wachsenden Innovations-Netzwerken zu entwickeln.

Entgegen dieser Bedeutung ist der Kenntnis- und Forschungsstand über diese Hochschulen auffallend niedrig, zumal aktuell und zukünftig sehr

---

4   Aus- und Fortbildung (first mission), Forschung (second mission) und Wissenstransfer (third mission).

wichtige und vielleicht auch fundamentale Veränderungen entstanden sind.

Diese wichtigen Rahmenbedingungen und Entwicklungen, die nicht nur die Hochschulen, sondern auch die Verwaltungen und Einrichtungen im öffentlichen Dienst vor große zukünftige Herausforderungen stellen, können aufgrund ihrer engen Verzahnungen und Vernetzungen nicht isoliert gesehen werden und betreffen vor allem folgende Aspekte:

- Demographischer Wandel, der besonders im öffentlichen Dienst deshalb eine größere Rolle spielt, weil über fast zwei Jahrzehnte hinweg kaum Nachwuchs eingestellt worden ist,

- erheblicher Personalbedarf und Personaldruck in den Verwaltungen, der sich z. B. gerade in Bezug auf die Forderung nach mehr Polizei besonders akut darstellt (z. B. Flüchtlingsproblematik, innere Sicherheit), in anderen Bereichen des öffentlichen Dienstes aber ebenso zu beobachten ist,

- die daraus entspringende Forderung nach mehr Studenten und Absolventen an die Hochschulen,

- Digitalisierung und Verwaltung 4.0, womit eine umfassende Veränderung der Arbeitsprozesse und Kommunikations- und Kooperationsbeziehungen zwischen öffentlicher Verwaltung einerseits und Bürgern und Wirtschaft, aber auch zwischen den Verwaltungen andererseits zu verstehen ist,

- inhaltliche und formale Komplexitätssteigerungen in Form wirtschaftlicher, gesellschaftlicher, ökologischer und fachlicher Verflechtungsbeziehungen auf nationaler, europäischer und internationaler Ebene,

- Modernisierungsbedarf in den Verwaltungen in Form einer umfassenden Effizienzsteigerung und Verbesserung der Steuerungsmöglichkeiten im politisch-administrativen System sowie nicht zuletzt

- Veränderungen der Aus- und Fortbildungslandschaft in Deutschland in Form neuer Akteure, z. B. Akademien, teils Abkehr von Hochschulstatus, z. B. *Polizeiakademie in Hamburg*.

Alle genannten Entwicklungen stellen die HöD vor große Herausforderungen und werden zu sehr unterschiedlichen Lösungen führen, die zumindest heute nur schwer prognostiziert werden können.

Vor diesem Hintergrund ist der Stand der Forschung besonders im Vergleich zu der Bedeutung des Hochschulbereichs als sehr niedrig anzusehen. Eine gewisse Ausnahme stellt der Band von Reichard und Röber aus dem Jahr 2012 und aus universitärer Perspektive dar, der allerdings auf der einen Seite die gesamte Hierarchie (mittlerer, gehobener und höherer Dienst) und auf der anderen Seite aber nur die öffentliche Kernverwaltung betrachtet.[5] Weitere Ausnahmen stellen die Hochschulen für angewandte Wissenschaften selbst dar, z. B. in Form von Jubiläums- oder Festschriften[6] oder von eigenständigen Kooperationen von zwei oder mehr Hochschulen[7], die teils die Situation und Entwicklungen der entsprechenden Hochschule zumeist in der Lehre, mitunter aber auch in der Forschung reflektieren.

Nicht zu vergessen sind aber auch einige Veranstaltungen, die von einigen HöD organisiert werden und schon eine gewisse wissenschaftliche Tradition aufweisen, wozu vor allem die „Glienicker Gespräche" der *Hochschule für Wirtschaft und Recht (HWR)* in Berlin zählen, die bereits seit 1987 durchgeführt werden.[8]

b) Was sind Hochschulen für den öffentlichen Dienst?

Mit mehr als 55.000 Studierenden, fast 760 Professor*innen und weiteren rund 1.200 hauptamtlichen Dozent*innen und noch mehr Lehrbeauftrag-

---

5   Vgl. *Reichard/Röber* 2012.

6   Vgl. z. B. *Bönders* 2009 oder *Treubrodt/Kirstein* 2008.

7   Vgl. z. B. *Stember/Grieger* 2015.

8   Vgl. http://www.hwr-berlin.de/fb-av/profil/glienicker-gespraeche/, Zugriff am 13.02.2019.

ten sind die Hochschulen für den öffentlichen Dienst ein bemerkenswerter Hochschulbereich, der über ein großes Potenzial nicht nur in der Lehre und Weiterbildung, sondern auch im Bereich der angewandten Forschung und wissenschaftlichen Praxisberatung verfügt. Dieser Hochschulbereich wird allerdings – und das ist ein zentrales Problem – kaum als kohärente Einheit wahrgenommen. Denn die fast 40 Hochschulen (und Akademien) haben nur eine Durchschnittsgröße von wenig über 1.000 Studierenden und sind sehr kleinteilig organisiert. 25 Hochschulen haben dabei sogar weniger als 1.000 Studierende, während die beiden größten Hochschulen, die *FH Bund* in Brühl und die *FHöV in Nordrhein-Westfalen*, allein 15.000 Studierende aufweisen.

Derzeit sind die Gemeinsamkeiten fast eben so groß wie die Unterschiede. Denn wie der Name vermuten lässt, ist die inhaltliche Klammer der Hochschulen für den öffentlichen Dienst eben der öffentliche Dienst bzw. die öffentlichen Aufgaben. Und darunter zählen in jedem Bundesland mindestens die vier folgenden inhaltlichen Grundfachausrichtungen:

- Allgemeine Verwaltung,

- Polizei,

- Rechtspflege und

- Finanzen, Steuern.

Hinzu kommen noch teilweise Studiengänge für die Sozialversicherungen. Auf Bundesebene (*FH Bund*) werden diese Fachrichtungen noch durch weitere Hochschulen bzw. Hochschulbereiche ergänzt, z. B. die *Hochschule der Bundesagentur für Arbeit* oder die *Hochschule der Deutschen Bundesbank*.

Eine weitere Gemeinsamkeit besteht im formalen Verbleib der Absolvent*innen in den Verwaltungen, nämlich im (ehemals) gehobenen, nicht-technischen Verwaltungsdienst (zumeist ab E9b bzw. A9). Darüber hinaus kann man von sehr ähnlichen, wenn nicht sogar identischen Situationen und Entwicklungen bei den Praxispartnern, den Verwaltungen, sprechen, insbesondere dann, wenn man an den demographischen Wandel und die Einstellungssituation der letzten Jahre denkt. Denn in nahezu allen Verwaltungen und öffentlichen Bereichen wurden in den letzten 15 bis 20

Jahren kaum Mitarbeiter*innen eingestellt, weshalb man aktuell nicht nur den eigenen, deutlich gestiegenen Bedarf an Mitarbeitenden befriedigen muss, sondern sich heute zusätzlich in einem völlig veränderten Arbeitsmarkt mit immer weniger jungen Menschen orientieren und behaupten muss. Insofern ist diese strategische Zukunftsaufgabe des demographischen Wandels eine ebenfalls große Gemeinsamkeit der Hochschulen mit sehr ähnlichen Rahmenbedingungen und Voraussetzungen.

Abbildung 1 zeigt die Verteilung der Hochschulstandorte mit den jeweiligen Fachbereichen in einer zusammenfassenden Darstellung, die vor allem die traditionell bedingte hohe Dichte an Hochschulstandorten in den westlichen Bundesländern Nordrhein-Westfalen, Rheinland-Pfalz, Hessen und Baden-Württemberg zeigt.

Abb. 1: Gesamtüberblick der Hochschulstandorte (Quelle: Eigene Darstellung auf Basis von Hochschulangaben 2018)

Die Gemeinsamkeiten der Hochschulen für den öffentlichen Dienst werden allerdings auch durch zahlreiche Unterschiede zwischen den Hochschulen aufgewogen, was die Zusammenarbeit in den letzten Jahren nicht unerheblich behindert hat und oftmals heute noch behindert. Zu den wesentlichen Unterschieden gehören:

- Die **rechtliche Lage** ist durch eigene Gesetze, teils aber auch durch die Integration in Hochschulgesetze mit sehr verschiedenen Ausprägungen in den einzelnen Bundesländern und beim Bund geprägt und impliziert damit zahlreiche unterschiedliche Regelungstatbestände sowohl für das Studium als auch für die gesamten Hochschulen.

- Die **organisatorische Integration** ist ebenfalls sehr heterogen ausgerichtet. Oftmals sind Hochschulen für den öffentlichen Dienst als nachgeordnete Behörden, teils als Fachbereich einer „normalen" Hochschule oder teils auch als eigene, selbständige Hochschule organisiert. Entsprechend deutlich fallen auch die Unterschiede hinsichtlich der allgemeinen und speziellen Freiheitsgrade der Hochschulen aus.

- Damit eng verbunden ist der **Status der Lehrenden**, teils als normale Aufstiegsbeamt*innen, zumeist jedoch als ordentliche Professor*innen.[9] An den HöD gibt es sehr häufig professorale Strukturen und Lehre, Ausnahmen bilden die Hochschulen in Rheinland-Pfalz, Saarland, Thüringen und Bayern.[10] Als Hauptgrund wird hier oftmals der Praxisbezug, insbesondere in der Gründungsphase zitiert, der aber nach Meinung vieler Rektor*innen heute nicht mehr gelten kann. Der Anwendungsbezug als gesetzliche Hauptaufgabe ist ohnehin festgelegt. Insbesondere in Rheinland-Pfalz hat man sich intensiv mit dieser Thematik auseinandergesetzt: Heute vermisst man in Rheinland-Pfalz eher die Gleichwertigkeit mit anderen Hochschulen und dadurch auch die nach außen dokumentierbare wissenschaftliche Qualität und Ausrichtung ohne einen triftigen Grund dafür nennen zu können.[11]

---

9 Vgl. dazu insbesondere *Lenk* 2016, S. 18 f.

10 Vgl. *Lenk* 2016, S. 21.

11 Vgl. *Lenk* 2016, S. 28 (Anmerkung des Verfassers aufgrund der Interviews: Oftmals scheinen auch wenig rationale Momente, wie z. B. „neidbedingte" Einstellungen, eine Einsetzung von Professoren und die emotionale Angst vor

- Der **Status der Studierenden** und der mögliche Zugang zum Studium (freie Studiengangswahl) sind ebenfalls verschieden ausgeprägt. Trotz der unterschiedlichen Regelungen sind die Studierenden an den allermeisten Hochschulen für den öffentlichen Dienst aber Anwärterstudierende mit Beamt*innenstatus, die sich immer nur über eine bestehende Behörde bewerben und anschließend erst zum Studium zugelassen werden können (Anwärter-Studium). Nur in wenigen (externalisierten) Modellen haben die Studienbewerber freien Zugang, z. B. in Berlin, Osnabrück und Nordhausen, dort können sich die Studieninteressierten an der jeweiligen Hochschule selbst bewerben. In einigen Bundesländern sind beide Modelle, das interne und externalisierte Studium, im Sinne einer Ko-Existenz vertreten, z. B. Thüringen (Gotha und Nordhausen) oder in Niedersachsen (Osnabrück und Hannover). Und bislang einmalig integriert der Fachbereich Verwaltungswissenschaften der *Hochschule Harz* beide Modelle seit September 2018 innerhalb einer Institution: Hier gibt es sowohl freie Studiengänge als auch Anwärter-Kurse, die im Rahmen des Gesamtstudiums integriert worden sind.

- Durch die genannten rechtlichen und organisatorischen Regelungen ist dann letztlich auch das **Selbstverständnis und die (wissenschaftliche) Kultur** völlig unterschiedlich ausgeformt worden. So haben einige Hochschulen den Anspruch auf einen umfassenden und innovativen wissenschaftlichen Status, während andere Hochschulen sich oftmals noch in einem reinen Denken in der Ausbildung befinden und sich mit dem Status einer „höheren Schule" abfinden wollen oder müssen. Entsprechend heterogen ist dann auch nicht unerwartet die Umsetzung der zentralen Hochschulmissionen Lehre, Forschung und Wissenstransfer.

---

einer nicht kontrollierbaren Verselbstständigung des Lehrkörpers im Vordergrund zu stehen.).

aa) Vertikale Abgrenzung: In vertikaler Differenzierung grenzen sich die Hochschulen für den öffentlichen Dienst damit nach oben von den universitären Einrichtungen mit dem Ziel des höheren Dienstes (ab A 13) und nach unten von den vielfältigen kommunalen und staatlichen Studieninstituten (bis A 9) ab. Mit der Umsetzung des Bologna-Prozesses und der neuen praktischen Anforderungen im Rahmen des demographischen Strukturwandels hat sich dieses sehr starr anmutende Hierarchiesystem bereits gewandelt und wird sich durch die rein praktischen Anforderungen noch weiter wandeln und vor allem weiter ausdifferenzieren.

In vertikaler Differenzierung grenzen sich die Hochschulen für den öffentlichen Dienst damit nach oben von den universitären Einrichtungen mit dem Ziel des höheren Dienstes (ab E13 bzw. A13) und nach unten von den vielfältigen kommunalen und staatlichen Studieninstituten (bis E9a bzw. A9) ab. Mit der Umsetzung des Bologna-Prozesses und der neuen praktischen Anforderungen im Rahmen des demographischen Strukturwandels hat sich dieses sehr starr anmutende Hierarchiesystem bereits gewandelt und wird sich durch die rein praktischen Anforderungen noch weiter wandeln und vor allem weiter ausdifferenzieren.

Ein wesentliches Charakteristikum der Hochschulen für den öffentlichen Dienst sind ihre spezifisch auf die Beamtenlaufbahn ausgerichteten Diplom- und Bachelor-Studiengänge. Diese vermitteln in fast allen Fällen die so genannte Laufbahnbefähigung, d. h. dass die Absolventen in der Regel über einen Doppelabschluss („Bachelor of Arts" und „Laufbahnbefähigung") verfügen, der es ihnen ermöglicht, direkt nach dem Studium ohne einen weiteren Vorbereitungsdienst verbeamtet zu werden. Diesen Vorteil haben viele andere Hochschulen und Universitäten nicht, von wenigen Ausnahmen abgesehen.

Ein spezielles Problem für die Abgrenzung der Hochschulen für den öffentlichen Dienst sind die Akademien, die in der Regel auf keine wissenschaftliche Ausbildung abzielen. In den letzten Jahren haben sich aber gerade im norddeutschen Raum (Niedersachsen und Hamburg) entsprechende Re-Organisationen durchgesetzt, wo bislang staatliche Hochschulen in Akademien umgewandelt worden sind. Sie haben dann keinen offiziellen Status mehr als Hochschule, zählen aber weiterhin zum entsprechenden inhaltlichen Ausbildungsbereich, z. B. bei der Polizei Niedersachsen in Nienburg/Weser.[12] Wie weit die organisatorische Flexibilität innerhalb der HöD gehen kann, zeigt das Modell der Polizei in Hamburg, wo die Fachhochschule als „Hochschulbereich" der Polizei in die *Akademie der Polizei Hamburg* integriert worden ist.[13]

bb) Horizontale Abgrenzung: Bei der horizontalen Abgrenzung der Hochschulen für den öffentlichen Dienst geht es um die Unterschiede der Institutionen auf einer Ebene. Den neben den staatlichen Hochschulen für den öffentlichen Dienst gibt es zum einen weitere staatliche Hochschulen (Fachhochschulen oder Hochschulen für angewandte Wissenschaften), die Ausbildungsteile des öffentlichen Sektors adaptiert und in eigene Studiengänge oder Ausbildungskonzepte integriert haben. Diese Hochschulen sind staatliche Hochschulen wie die HöD auch, haben aber (bislang) keinen Fokus bzw. keine inhaltliche Spezifik auf den öffentlichen Dienst, sondern „fahren" ihre Studiengänge und Ausbildungsangebote als Teil von anderen Fachbereichen. Ein gutes Beispiel für diese Angebote ist die *Fachhochschule Frankfurt* (*Frankfurt University of applied sciences*), die im Auftrag der Stadt Frankfurt einen dual geführten Bachelor-Studiengang Public Administration (B.A.) aufgebaut und installiert hat.[14]

Neben den staatlichen Hochschulen haben sich aber im Lauf der Zeit auch private Hochschulen und Anbieter dem öffentlichen Dienst bzw. dem öffentlichen Sektor angenommen. Ein gutes Beispiel für entsprechende private Hochschulangebote ist die Akademie für öffentliche Verwaltung und Recht an der *Steinbeis-Hochschule Berlin*.[15] An dieser Akademie gibt es allein zwei Bachelor- und einen Master-Studiengang (Betreuung und Vormundschaft (B. A.) und Public Management (B. A.) und M. A. Leadership und Public Governance), die die hohe Affinität zum öffentlichen Dienst nachweisen.

---

12 Vgl. https://www.pa.polizei-nds.de/startseite/, Zugriff am 13.02.2019.

13 Vgl. https://akademie-der-polizei.hamburg.de/, Zugriff am 13.02.2019.

14 Vgl. https://www.frankfurt-university.de/de/studium/bachelor-studiengange/ public-administration-duales-studium-ba/fuer-studieninteressierte/, Zugriff am 13.02.2019.

15 Vgl. https://www.aoev.de/, Zugriff am 13.02.2019.

Auch heute lautet der Auftrag für einige Hochschulen immer noch die „reine Ausbildung", was oftmals nicht zu Unrecht den Gedanken nahelegt, dass es sich bei diesen Einrichtungen eher um Fachschulen oder höhere Schulen handelt als um Hochschulen. Und in der Tat findet man in derartigen Institutionen kaum Ambitionen im Bereich der Forschung oder des Wissenstransfers, was moderne Hochschulen für angewandte Wissenschaften derzeit auszeichnet. Und da die fachlichen, formalen und organisatorischen Ränder zu den anderen Institutionen teilweise etwas verschwommen werden und nicht mehr scharf abgrenzbar sind, muss es eine wesentliche Überlebensstrategie der Hochschulen für den öffentlichen Dient sein, Qualität und Kompetenz immer wieder nicht eben nur in der Lehre, sondern auch in der Forschung und im Wissenstransfer unter Beweis zu stellen.

c) Ein Blick zurück – Entwicklung der Hochschulen für den öffentlichen Dienst

Der Kernbereich der Hochschulen für den öffentlichen Dienst, wie er oben dargestellt wurde, ist im Rahmen der Rektorenkonferenz der Hochschulen für den öffentlichen Dienst seit Ende der siebziger Jahre zusammengeführt worden. Seitdem tagen die Rektoren zweimal jährlich, einmal in einer Frühjahrstagung und einmal in einer Herbsttagung, an wechselnden Standorten, wo der Reihe nach alle Hochschulstandorte in Deutschland vertreten sind.

Abbildung 2 zeigt die Entwicklung der Hochschulen für den öffentlichen Dienst, innerhalb der bislang vier deutlich abgrenzbare Entwicklungsphase zu unterscheiden waren:

- Die Gründerjahre von 1970 bis 1980,
- die Etablierungsphase von 1980 bis 1990,
- die Ost-Integration von 1990 bis 1996 sowie abschließend eine noch bis heute reichende
- Reformphase mit vielen organisatorischen Veränderungen und Reformen ab 1996.

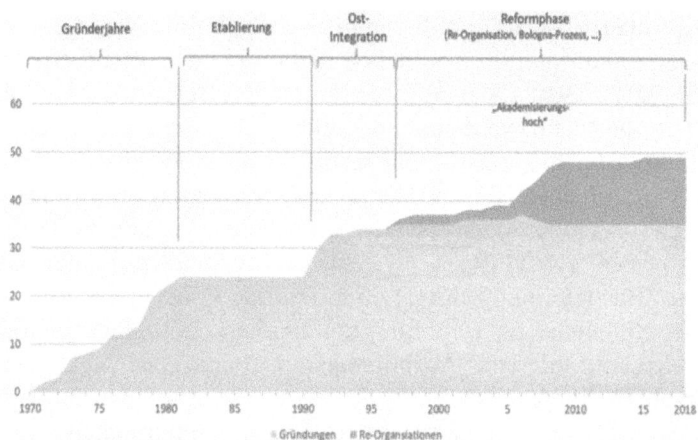

Abb. 2: Entwicklungsphasen der Hochschulen für den öffentlichen Dienst (Quelle: Eigene Erhebungen auf der Basis von Hochschulangaben 2018)

Die Gründerjahre für die Hochschulen des öffentlichen Dienstes sind in ähnlicher Weise wie die Geschichte der „normalen" Fachhochschulen durch eine umwälzende Veränderung der Bildungsvorstellungen insgesamt in Deutschland geprägt. Diese veränderten Vorstellungen und politischen Programme schlugen sich Ende der 60er Jahre in der Verabschiedung der Fachhochschulgesetze nieder und führten dann in den siebziger Jahren zu zahlreichen Neugründungen.

Ganze 24 Fachhochschulen wurden in diesen Gründerjahren aufgebaut und inhaltlich entwickelt. Anschließend folgte dieser Phase eine fast 10jährige Ruhepause, innerhalb der es keine weiteren Neugründungen gab und nur inhaltliche und organisatorische Weiterentwicklungen. Nach dem Mauerfall und der Wiedervereinigung Deutschlands wurden entsprechende Aus- und Fortbildungseinrichtungen für den öffentlichen Dienst nach dem Vorbild der westdeutschen Hochschulen auch in den neuen Ländern aufgebaut. Die Zahl der Hochschulen stieg insgesamt mit Beendigung dieser Phase auf 34.

Nach der Wiedervereinigung zeigten sich nicht nur wirtschaftliche, sondern auch nicht unerhebliche haushaltstechnische Probleme, die auch mit weiteren reformpolitischen Vorstellungen des öffentlichen Sektors verbunden waren. Die Entwicklung des neuen Steuerungsmodells der KGSt oder die internationale Etablierung des New Public Managements waren nur zwei Ausformungen von neuen Ideen, wie der öffentliche Dienst sowohl im staatlichen als auch im kommunalen Bereich neu und insgesamt effizienter gesteuert werden könnte und sollte. Neben diesen eher indirekten Effekten für die Verwaltung setzte der ab 1999 einsetzende Bologna-Prozess die Hochschulen direkt unter Veränderungsdruck und bewirkte zahlreiche Veränderungen für die Hochschulen, vor allem durch die Etablierung eines zweistufigen Systems berufsqualifizierender Studienabschlüsse (Bachelor und Master). Eine zentrale Folge dieser Entwicklungen war die erhebliche Schrumpfung der Studierendenzahlen in den bislang noch allesamt internen Ausbildungsmodellen. Die Verwaltungen, die sonst zahlreiche Anwärter und Studierenden geschickt hatten bekamen kaum noch Studierende zugewiesen, Absolventen erhielten teils nur Verträge auf Angestelltenbasis und dann noch befristet.

Diese veränderten Rahmenbedingungen verursachten zumindest zwei bedeutende und nicht unwesentliche Veränderungen als Reformschübe:

1. Die Externalisierung der Ausbildung und

2. die Akademisierung der Ausbildung.

Unter dem Terminus Externalisierung wird im Rahmen der Hochschulen für den öffentlichen Dienst die Überführung einer zuvor meist intern organisierten Fachhochschule für öffentliche Verwaltung in einen Fachbereich einer „normalen" oder „freien" Hochschule für angewandte Wissenschaften verstanden. Mit der Externalisierung sind zwei unmittelbare Folgen verbunden: Einerseits verabschieden sich die Einstellungsbehörden von der Verantwortung und Finanzierung der Ausbildung, weil sie keine Anwärter*innen mehr einstellen. Die Studierenden haben also unabhängig von einer Einstellungsbehörde freien Zugang zur wissenschaftlichen Ausbildung. Andererseits geht die organisatorische Verantwortung aus den Innenministerien auf die Wissenschaftsministerien über. Die jeweiligen Ministerien entlasten sich nicht nur organisatorisch, sondern eben auch finanziell und haben allenfalls über Beiräte oder die Laufbahnbefähigung noch Mitwirkungsfunktionen.

Die erste Externalisierung erfolgte im Bundesland Sachsen-Anhalt, wo die Vorgängereinrichtung, die *Fachhochschule für Verwaltung und Recht* in den Fachbereich Verwaltungswissenschaften der *Hochschule Harz* 1998/99 in Halberstadt überführt worden ist. Mehrere Bundesländer folgten dem Vorstoß, so etwa Berlin, Bremen, Hamburg und Brandenburg, und die Bundesländer Thüringen und Niedersachsen sahen sogar Platz für beide Organisationsformen (s. Nordhausen und Osnabrück sowie Gotha und Hannover). Eine zunächst erwartete große Reformwelle auch in den großen Flächenstaaten, z. B. NRW und Baden-Württemberg, blieb aber letztlich aus.

Die Akademisierung hatte mitunter andere Beweggründe und betraf vor allem die Bereiche außerhalb der Allgemeinen Verwaltung, d. h. die Steuern und die Polizei. Mit der Einrichtung von Akademien versprach man sich eine praxisorientiertere Ausbildung mit einem deutlich besseren Zugriff und nahm dabei eine Schrumpfung wissenschaftlicher Ausrichtungen billigend in Kauf. Besonders intensiv wurde diese Alternative in Niedersachsen und Hamburg praktiziert. Ein Beispiel war die Überführung der Polizei aus der niedersächsischen *Fachhochschule für Verwaltung und Rechtspflege (FHVR)* mit Sitz in Hildesheim in die neue *Polizeiakademie* in Nienburg ab 2007. Die Situation der *Fachhochschule der Polizei* in Hamburg wurde weiter oben schon benannt. Aber eine breite Akademisierungswelle blieb zumindest bis heute ebenso aus, wie bei der Externalisierung. Im Unterschied zu externalisierten Organisationen, können laut Satzungsbeschluss Akademien derzeit keine Mitglieder der Rektorenkonferenz sein.

Das Bild der Hochschulen für den öffentlichen Dienst wird aufgrund ihrer Aufgabenausrichtung in den Gründerjahren ab 1970 traditionell und auch heute noch sehr stark auf die Ausbildung reduziert, was sich nicht zuletzt ja auch in der organisatorischen Einbindung und der teils auch rechtlichen Situation widerspiegelt.

Die allermeisten Hochschulen für den öffentlichen Dienst verkörpern heute insgesamt moderne, gut organisierte, fachlich kompetente und performante Organisationen, die den aktuellen und zukünftigen Anforderungen sehr offen gegenüberstehen. Und die vorhandenen fachlichen und methodischen Kompetenzen in der angewandten Forschung werden angesichts der aktuell erheblich wachsenden Herausforderungen für den öffentlichen Dienst mehr denn je gebraucht und immer wichtiger. Vor dem

Hintergrund bestehender, aber auch aktueller empirischer Untersuchungen zeigt sich damit ein deutlich steigender Bedarf an praktischer Umsetzungsforschung in den Verwaltungen, der aktuell durch den demographischen Wandel und die umfassende Digitalisierung der Lebens-, Lern- und Arbeitswelt geprägt ist. Diese Ansätze gehen damit deutlich über die alleinige Ausrichtung auf die Lehre hinaus.

d) Typisierung der Hochschulen für den öffentlichen Dienst

Insgesamt sind die 38 Hochschulen für den öffentlichen Dienst, die in der Rektorenkonferenz vertreten sind, bundesweit auf 69 Haupt- und Nebenstandorte verteilt. Im Folgenden wird die räumliche Verteilung der HöD anhand einer Unterscheidung nach den Fachrichtungen verdeutlicht und nachgezeichnet:

- Allgemeine Verwaltung,

- Finanzen/Steuern,

- Polizei,

- Rechtspflege sowie

- Sozialversicherung.

Die meisten Hochschulen bilden ihren akademischen Nachwuchs in der Fachrichtung Allgemeine Verwaltung heran. Insgesamt gibt es 19 HöD für diesen Bereich, wobei in jedem Bundesland mindestens eine Hochschule vertreten ist. Dabei sind 18 Hochschulen den einzelnen Bundesländern zuzuordnen und eine Hochschule dem Bund. Somit können alle Länder und der Bund ihre eigenen Nachwuchskräfte für den allgemeinen Verwaltungsdienst ausbilden.

Der demographische Wandlungsprozess, maßgeblich in Form der Überalterung des Personals, betrifft insbesondere den öffentlichen Dienst. Jeder bzw. jede vierte Beschäftigte ist derzeit 55 Jahre alt oder älter. Somit erwartet man im öffentlichen Sektor bis 2025 noch ganz erhebliche strukturelle Veränderungen, die weit über das hinausgehen, was man heute kennt.[16]

Einstufungen und Beschäftigung	Einfacher Dienst/ Laufbahngruppe 1, erstes Einstiegsamt	Mittlerer Dienst/ Laufbahngruppe 1, zweites Einstiegsamt	Gehobener Dienst/ Laufbahngruppe 2, erstes Einstiegsamt	Höherer Dienst/ Laufbahngruppe 2, zweites Einstiegsamt
Beamt*innen	85.640	228.660	803.480	531.790
Arbeitnehmer*innen	285.420	1.070.005	813.785	368.255
Insgesamt	371.060	1.298.665	1.617.265	900.045

Tab. 1: Personal des öffentlichen Dienstes nach Einstufungen und Beschäftigung (Quelle: Eigene Erhebungen auf Basis der Angaben des Statistischen Bundesamtes [Destatis] 2018)

Der (ehemals) gehobene Dienst (E 9b bis E 12 bzw. A 9 bis A 13) bildet in diesem Zusammenhang mit ca. 1.600.000 Beschäftigten die personalstärkste Gruppe im öffentlichen Sektor (vgl. Tab. 2). Dabei liegen Beamten- und Arbeitnehmer*innenstellen ungefähr zu gleichen Anteilen vor. Die Nachwuchskräfte des (ehemals) höheren Dienstes (E 13 bis E 15 bzw. A 13 bis A 16) hingegen sind in der Regel Absolvent*innen von Universitäten, wie bspw. aus dem juristischen Bereich.[17] Jedoch bieten mittlerweile auch schon mehr als 20 HöD Studiengänge an, die den Absolvent*innen zumindest den Zugang in den (ehemals) höheren Dienst eröffnen.

Der ehemals gehobene Verwaltungsdienst spielt damit aufgrund seiner reinen Größe eine ganz entscheidende Rolle. Bereits jetzt werden an den Hochschulen für den öffentlichen Dienst mehr als 50.000 Studierende von fast 760 Professor*innen, 1.200 weiteren hauptamtlichen Lehrkräften und noch mehr Lehrbeauftragten ausgebildet, Tendenz stark steigend.

Die Größenordnungen der HöD sind indes sehr kleinteilig organisiert, wie das Hochschulgrößenrang-Diagramm in Abbildung 3 deutlich zeigt. Im

---

16 Vgl. *Demografieportal des Bundes und der Länder* 2017, Zugriff am 11.01.2019.

17 Vgl. *Reichard/Röber* 2012, S.72.

globalen Durchschnitt hat eine HöD nicht mehr als 1.500 Studierende. 22 Hochschulen haben sogar nur weniger als 1.000 Studierende, was nicht zuletzt Rückschlüsse auf eine eher niedrige institutionelle Leistungsfähigkeit zulässt.

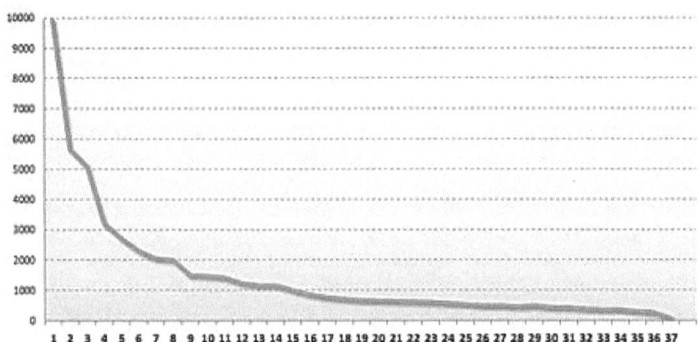

Abb. 3: Hochschulgrößenrang-Diagramm (nach Studierendenzahlen) (Quelle: Eigene Darstellung auf der Basis von Hochschulangaben 2018)

Zu den kleinsten Hochschulen zählen die *Hochschule für Archivwissenschaft in Marburg* (67 Studierende), die *Norddeutsche Akademie für Finanzen und Steuerrecht in Hamburg* (256 Studierende) sowie der Studienbereich Public Management an der *Hochschule Nordhausen* (285 Studierende).

Während die größten Hochschulen, die *FHöV in Nordrhein-Westfalen*, die *Hochschule des Bundes für öffentliche Verwaltung* sowie die *Hochschule für den öffentlichen Dienst in Bayern* zusammen bereits über 20.000 Studierende aufweisen.

An den Hochschulen für den öffentlichen Dienst konnten insgesamt beachtliche 147 Studiengänge identifiziert werden. Die Fachrichtungen Allgemeine Verwaltung mit 55 Studiengängen und Polizei mit 32 Studiengängen sind an den HöD am stärksten vertreten (vgl. Abb. 10). Unter sonstige Fachrichtungen fallen bspw. das Archivwesen an der *Hochschule für Archivwissenschaft in Marburg* oder an der *Hochschule für den öffentlichen Dienst in Bayern*, das Arbeitsmarktmanagement an der *Hochschule der Bundesagentur für Arbeit* sowie das Bankwesen an der *Hochschule der Deutschen Bundesbank*. Dabei sind die *Hochschule des Bundes für öffentliche Verwaltung* mit 15 Studiengängen, die *Hochschule für Wirtschaft und Recht Berlin* mit 14 Studiengängen und die *Hochschule für den öffentlichen Dienst in Bayern* mit zwölf Studiengängen besonders vielseitig aufgestellt.

Mehr als die Hälfte der Studiengänge im Bereich Allgemeine Verwaltung qualifizieren die Studierenden für den (ehemals) gehobenen Dienst und konzentrieren sich dabei überwiegend auf rechtswissenschaftliche Aspekte.[18] Dazu zählt bspw. der Studiengang Allgemeine Innere Verwaltung an der *Hochschule des Bundes für öffentliche Verwaltung* oder der Studiengang Allgemeiner Verwaltungsdienst an der *Fachhochschule für Verwaltung des Saarlandes*. Allerdings entwickelten viele HöD in den letzten Jahren neue Studiengänge.

In der Regel sind die Master-Studiengänge der HöD frei zugänglich und erfolgen berufsbegleitend. Bei einigen Angeboten handelt es sich hingegen um Personalentwicklungsmaßnahmen der Praxisbehörden, die nur wenigen ausgewählten Beschäftigten vorbehalten sind. Dabei ist insbesondere der Master-Studiengang Öffentliche Verwaltung – Polizeimanagement an den Polizeifachhochschulen zu erwähnen. An diesem Studiengang können nur ausgewählte Aufsteiger*innen aus dem (ehemals) gehobenen Dienst teilnehmen. Die berufsbegleitenden Studierenden behalten während des Studiums ihren Beamt*innen- oder Angestelltenstatus bei. Lediglich fünf Hochschulen bieten frei zugängliche Master-Studiengänge in Vollzeit an.

Die Zugangsmöglichkeiten zu den HöD sollen hier noch einmal verdeutlicht werden:

- 42 Studiengänge sind frei zugänglich, insbesondere Master- und Bachelor-Studiengänge an externalisierten Institutionen.

- 107 Studiengänge sind hingegen beschränkt zugänglich und nur über eine Bewerbung bei einer Einstellungsbehörde des Bundes, der Länder oder der Kommunen erreichbar.

---

18 Vgl. *Reichard/Röber* 2012, S.27.

Somit sind mehr als die Hälfte der Studiengänge an den HöD beschränkt zugänglich. Insgesamt gibt es 24 interne Hochschulen, an denen ein Studium ausschließlich in Verbindung mit einer Einstellungsbehörde möglich ist, wie bspw. *an der Hochschule der Deutschen Bundesbank, der Fachhochschule für Finanzen Rheinland-Pfalz oder der Hochschule für Archivwissenschaft Marburg.* Nur zwei externe Hochschulen, die *Hochschule Osnabrück* und *die Fachhochschule Nordhausen,* bieten allein frei zugängliche Studiengänge an. Weiterhin entwickelte sich in den letzten Jahren eine Art Mischform hinsichtlich der Zugangsmöglichkeiten. Elf Hochschulen bieten sowohl beschränkt als auch frei zugängliche Studiengänge an. Dazu zählen bspw. die *Hochschule für Wirtschaft und Recht Berlin, die Hochschule Harz* oder die *Technische Hochschule Wildau.*

Aufgrund dieser fortschreitenden Ausdifferenzierungen ist die Kategorisierung der HöD nach „internen" und „externen" Hochschulen nicht mehr ganz zutreffend. Einige Hochschulen können diesen Kategorien nicht mehr eindeutig zugeordnet werden, da sie Merkmale beider Organisationsformen aufweisen. Diese Mischformen treten insbesondere in der Fachrichtung Allgemeine Verwaltung auf.

Insgesamt gibt es 105 grundständige Diplom- und Bachelor-Studiengänge, die die Studierenden für den (ehemals) gehobenen Dienst qualifizieren. Die HöD bieten 40 Master-Studiengänge an und weiterhin kann an einer Hochschule (*Hochschule für Archivwissenschaft Marburg*) ein Staatsexamen abgelegt werden. Die Master-Studiengänge und das Staatsexamen ebnen den Weg in den (ehemals) höheren Dienst. Im Rahmen des Bologna-Prozesses haben bereits viele Hochschulen in Deutschland ihre Diplom-Studiengänge verändert und auf ein zweistufiges Bachelor- und Master-System umgestellt.[19] Trotzdem schließen an den HöD immer noch mehr als ein Drittel der Studiengänge mit einem Diplom ab.

Besonders in der Fachrichtung Finanzen und Steuern wurden die Diplom-Studiengänge nahezu komplett beibehalten. Von den 13 HöD, die Studiengänge im Finanz- und Steuerbereich anbieten, haben acht Hochschulen (bspw. die *Thüringer Fachhochschule für öffentliche Verwaltung,* die *Fachhochschule für Finanzen Rheinland-Pfalz* oder die *Fachhochschule*

---

19 *Bundeszentrale für politische Bildung* 2006, Zugriff am 28.01.2019.

der Sächsischen Verwaltung Meißen) sowie die *Norddeutsche Akademie für Finanzen und Steuerrecht Hamburg* den Diplom-Abschluss aufrechterhalten.

Auch im Rechtspflegebereich überwiegen die Diplom-Studiengänge. Von den 15 Rechtspflege-Studiengängen schließen zwölf mit einem Diplom ab. Lediglich an der *Hochschule für Wirtschaft und Recht Berlin* sowie der *Hochschule für Rechtspflege Schwetzingen* besteht die Möglichkeit, Rechtspflege in einem Bachelor- bzw. Master-Studium zu absolvieren.

In den anderen Fachrichtungen wurde der Bologna-Prozess überwiegend vollzogen, wobei es auch dort zu hochschulspezifischen Unterschieden kommt. Beispielsweise bieten die *Hochschule des Bundes für öffentliche Verwaltung* oder die *Hochschule für den öffentlichen Dienst in Bayern* in erster Linie Diplom-Studiengänge an, aber haben für bestimmte Fachrichtungen (besonders Allgemeine Verwaltung und Polizei) auch Bachelor- und Master-Studiengänge implementiert.

Mittlerweile bieten 21 von 37 HöD Master-Programme an und die Tendenz hinsichtlich der Implementierung weiterer Master-Studiengänge ist stark steigend. Besonders die *Hochschule für Wirtschaft und Recht Berlin* ist mit ihren aktuell zehn Master-Angeboten breit aufgestellt. Sie ist auch die einzige HöD, die für die Bereiche Finanzen/Steuern und Rechtspflege Master-Programme bereitstellt. Am häufigsten lassen sich Master-Studiengänge in den Fachrichtungen Allgemeine Verwaltung (14 HöD) und Polizei (neun HöD) finden.

Von den 105 grundständigen Studiengängen erfolgen 92 Studiengänge dual und lediglich 14 konsekutiv. Zu den konsekutiven Angeboten zählen ausschließlich Bachelor-Studiengänge. Der Studiengang Archivdienst für den (ehemals) höheren Dienst an der *Hochschule für Archivwissenschaft Marburg* erfolgt ebenfalls dual. Zehn Master-Studiengänge können in Vollzeit und 30 Master-Studiengänge berufsbegleitend absolviert werden.

Die konsekutiven Bachelor-Angebote und die Vollzeit-Master-Studiengänge lassen sich überwiegend an den externalisierten und an einigen wenigen internen HöD finden. Lediglich sechs Hochschulen bieten konsekutive Bachelor-Studiengänge an (z. B. die *Hochschule Harz*, die *Fachhochschule Nordhausen* oder die *Technische Hochschule Wildau*) und ebenfalls sechs Hochschulen Vollzeit-Master-Studiengänge (z. B. die *Hochschule für Wirtschaft und Recht Berlin*, die *Hochschule Harz* oder die *Hochschule für öffentliche Verwaltung Kehl*).

Neben einem breiten Studienangebot bieten die HöD auch vielseitige Fort- und Weiterbildungsmöglichkeiten an, die teils bemerkenswerte Dimensionen erreicht haben. Insgesamt 30 Hochschulen sind in der Fort- und Weiterbildung aktiv und qualifizieren ihre Absolvent*innen bzw. andere Beschäftigte im öffentlichen Dienst auf diese Weise weiter. Die Fort- und Weiterbildungsaktivitäten der HöD wurden in der hier vorliegenden Studie nach folgenden Kategorien unterteilt:

- Fort- und Weiterbildungsprogramme,

- Weiterbildungsstudiengänge sowie

- Fort- und Weiterbildungsinstitute.

Insgesamt 27 HöD haben Fort- und Weiterbildungskonzepte in ihren Institutionen implementiert. Im Einzelnen zählen dazu diverse Zertifikatsprogramme, Kontaktstudiengänge, aber auch allgemeine Fortbildungsangebote, wie fachliche Lehrgänge, Coachings oder Supervisionen. Die Aufzählung ist dabei keinesfalls abschließend. Besonders die *Fachhochschule für öffentliche Verwaltung Rheinland-Pfalz* sowie die *Hochschule für öffentliche Verwaltung Kehl* stellen den Beschäftigten der Verwaltungen und denen, die es noch werden möchten, ein breites Angebot zur Verfügung. Fachlich sind die Konzepte der aktiven HöD auf die üblichen Bereiche Allgemeine Verwaltung, Finanzen/Steuern, Polizei, Rechtspflege und Sozialversicherung angelegt. Darüber hinaus qualifizieren die Hochschulen aber auch ihr eigenes Personal, insbesondere die Lehrenden, im Rahmen von hochschuldidaktischen Programmen weiter.

Unter Weiterbildungsstudiengänge fallen insbesondere berufsbegleitende Bachelor- und Master-Studiengänge. Die Absolvent*innen erwerben somit einen ersten oder zweiten akademischen Grad. 20 HöD bieten insgesamt 35 Weiterbildungsstudiengänge an. Diese sind überwiegend den Fachrichtungen Allgemeine Verwaltung (16 Studiengänge) und Polizei (elf Studiengänge) zuzuordnen. Die *Hochschule für Wirtschaft und Recht Berlin* weist mit sechs Weiterbildungsstudiengängen aus vier verschiedenen Fachrichtungen aktuell das vielseitigste Angebot auf.

Die Forschungsaktivitäten an den HöD fallen, wie oben schon anhand der Voraussetzungen der Lehrenden skizziert, sehr unterschiedlich aus. Auf der einen Seite gibt es Hochschulen, insbesondere unter den internen HöD, die gar keine Forschungsbeiträge im Bereich der Verwaltungswissenschaften leisten und sich somit weitgehend von der „Scientific community" entfernt haben. In diesen HöD findet nahezu ausschließlich die Ausbildung der Nachwuchskräfte, abgekoppelt von der Wissensgemeinschaft, statt. Dieses Verhalten ist u. a. auf den geringen Wettbewerbsdruck der internen HöD zurückzuführen. Sie bilden die Nachwuchskräfte ausschließlich für den Eigenbedarf der Praxisbehörden aus und ihre Absolvent*innen werden in der Regel von den Einstellungsbehörden übernommen. Zudem ist das Lehrpersonal der internen FHöV zumeist weisungsgebunden und hat somit nicht die gleichen Möglichkeiten, sich in der (angewandten) Forschung aktiv zu beteiligen wie die wissenschaftlichen Hochschullehrer*innen bzw. die Professor*innen.[20]

Auf der anderen Seite gibt es einige HöD, insbesondere unter den externalisierten, aber auch bei den internen Hochschulen, die in der (angewandten) Forschung sehr aktiv sind und bemerkenswerte Forschungsbeiträge im Bereich der Verwaltungswissenschaften leisten und zum Teil sogar Praxisbehörden beraten. Die externen HöD versuchen ihren Absolvent*innen durch wissenschaftliche Forschungs- und Praxisprojekte einen Wettbewerbsvorteil auf dem Arbeitsmarkt zu verschaffen, da diese zumeist ohne Einstellungsbehörde bzw. Arbeitsvertrag ihr Studium an einer HöD beginnen. Weiterhin haben sich diese internen und externen Hochschulen an die akademischen Anforderungen einer wissenschaftlichen Hochschule angepasst und beschäftigen somit viele Hochschullehrer*innen der C- und W-Besoldung, die neben der Lehrfreiheit auch in der Forschung eine hohe Unabhängigkeit genießen.[21]

An den HöD wurden im Jahr 2018 über 100 Forschungs- und Praxisprojekte ermittelt. Dabei zählen besonders die *Hochschule des Bundes für öffentliche Verwaltung*, die *Hochschule Kehl in Baden-Württemberg*, die *Hochschule für Wirtschaft und Recht Berlin* sowie die *Hochschule der*

---

20 Vgl. *Reichard/Röber* 2012, S. 30-31, 68, 75.

21 Vgl. *ebd.*, S. 30-31, 75.

Bundesagentur für Arbeit zu den forschungsstärksten Hochschulen. Insgesamt lassen sich an 16 Hochschulen Forschungsprojekte und an 17 Hochschulen Praxisprojekte finden. Diese stammen weitestgehend aus den Fachrichtungen Allgemeine Verwaltung und Polizei und befassen sich überwiegend mit der Modernisierung von Verwaltungen, insbesondere hinsichtlich der Digitalisierungsprozesse. Die Praxisprojekte werden zumeist in Zusammenarbeit mit den Studierenden in Form von Studien-, Fach- oder Team- und Praxisprojekten, als Bestandteil der Ausbildung, durchgeführt.

Im Vergleich zu anderen Ländern und Fachgebieten sind in Deutschland die Forschungsaktivitäten im Bereich der Verwaltungswissenschaften relativ schwach ausgeprägt. Die Verwaltungswissenschaften sind wie die HöD sehr stark zersplittert und unterteilen sich in diverse Wissenschaftszweige wie die Rechts-, Politik- oder Wirtschaftswissenschaften. Diese unterschiedlichen Wissenschaftsbereiche kooperieren nur wenig miteinander und deshalb bilden sich auch selten übergreifende, interdisziplinäre Lehr- und Forschungszentren.[22]

Verwaltungswissenschaftliche Lehr- und Forschungszentren sind eher an den Universitäten zu finden. Dazu zählen u. a.:[23]

- Die *Deutsche Universität für Verwaltungswissenschaften in Speyer* mit dem Deutschen Forschungsinstitut für öffentliche Verwaltung,

- der Fachbereich Politik- und Verwaltungswissenschaft der *Universität Konstanz*,

- die Fachgruppe Politik- und Verwaltungswissenschaft der *Universität Potsdam*,

- der Lehrstuhl für öffentliche Verwaltung, Stadt- und Regionalpolitik der *Ruhr Universität Bochum* oder auch

---

22 Vgl. *Reichard/Röber* 2012, S. 75-76.

23 Vgl. *Möltgen-Sicking/Winter* 2018, S. 223-227.

- der Lehrstuhl Politikwissenschaft IV: Politik und Verwaltung der *Fernuniversität Hagen.*

Aber auch an den HöD gibt es immer mehr Bemühungen, Forschungs- und Kompetenzzentren zu institutionalisieren. Aktuell existieren 34 An- und In-Institute an 24 verschiedenen HöD, Tendenz steigend. Die An- und In-Institute werden hier getrennt von den Fort- und Weiterbildungsinstituten betrachtet, wobei einige Institute, wie z. B. das *Institut für Fortbildung und Verwaltungsmodernisierung* der *Fachhochschule für öffentliche Verwaltung, Polizei und Rechtspflege des Landes Mecklenburg-Vorpommern,* sowohl in der Forschung als auch in der Fort- und Weiterbildung unterstützende Strukturen aufweisen. Besonders hervorzuheben ist dabei die *Hochschule für Wirtschaft und Recht Berlin,* die zwei An- und drei In-Institute eingerichtet hat. Inhaltlich stammen die Institute der HöD überwiegend aus den Fachrichtungen Allgemeine Verwaltung und Polizei.

Ähnlich wie bei den Forschungsleistungen gestaltet sich auch die Situation im Wissenstransfer im Bereich der Verwaltungswissenschaften als eher schwach ausgeprägt. Es gibt kaum entsprechende Aktivitäten, wie z. B. Veröffentlichungen von Fachzeitschriften oder die Organisation von Kongressen. Dies zeigt erneut, wie klein der Wirkungskreis dieses Wissenschaftszweigs ist. Die entsprechenden verwaltungs(-wissenschaftlich) geprägten Hochschulen konzentrieren sich in erster Linie auf die Ausbildung von Nachwuchskräften für den (ehemals) gehobenen Dienst für ihre Partnerbehörden.[24]

Aber auch hier kommt es zu nicht unerheblichen hochschulspezifischen Unterschieden. Während viele Hochschulen nur wenige bis gar keine Aktivitäten im Wissenstransfer vorweisen können, haben einige HöD bereits zahlreiche wissenschaftliche Publikationen zugänglich gemacht und sind auch bei der Organisation von entsprechenden Events sehr aktiv. Besonders ausgeprägt sind hinsichtlich der Events die Organisation von Fachkolloquien und hinsichtlich der Publikationen die Veröffentlichungen von Schriftenreihen.

---

24 Vgl. *Reichard/Röber* 2012, S. 75-76.

2 Aktuelle und neue Herausforderungen

a) Herausforderungen

Die zentralen Rahmenbedingungen und neuen Anforderungen für die Hochschulen für den öffentlichen Dienst wurden in der Einführung bereits allgemein benannt. Vor allem der demographische Wandel ist in seinen regional und institutionell unterschiedlichen Effekten das bestimmende Thema sowohl für die öffentlichen Verwaltungen als auch damit fast direkt auch für die meisten Hochschulen.

Diese theoretische Annahme konnte auch in der empirischen Untersuchung der grundlegenden Studie mehr als eindrucksvoll bestätigt werden. In den nachfolgenden beiden Abbildungen, die die Durchschnittswerte (arithmetische Mittelwerte; Wert 1 = sehr hoch bis 5 = sehr gering) einerseits aus Sicht der Hochschulrektoren und andererseits aus Sicht der Praxisvertreter zeigen, wird deutlich, wie stark die Bedeutung heute schon ist, aber umso mehr in der Zukunft sein wird. In sehr ähnlicher Weise wird die Bedeutung der Digitalisierung ebenfalls von beiden Zielgruppen beurteilt. Diese Werte sind teils sogar noch höher als für den demographischen Wandel.

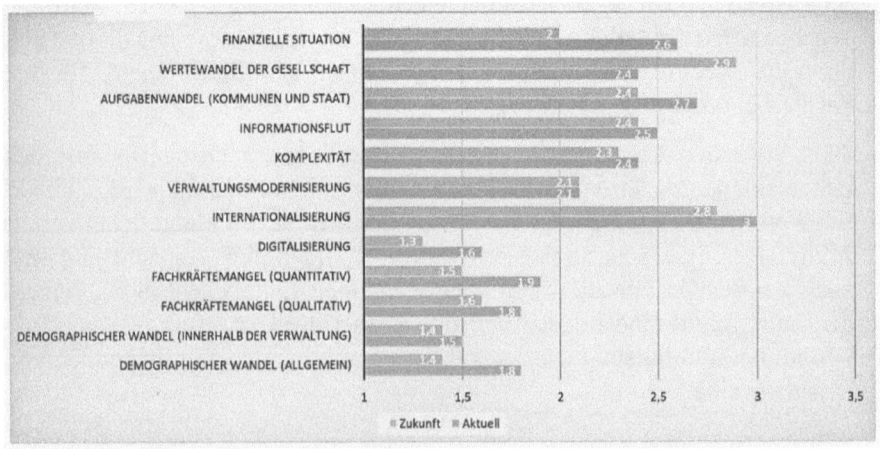

Abb. 4: Aktuell und zukünftig wichtigste Herausforderungen für den öffentlichen Dienst (Perspektive der **Hochschulen**) (Quelle: Eigene Erhebungen 2018)

Erst mit deutlichem Abstand folgen Aspekte wie z. B. die Finanzen, Verwaltungsmodernisierung, Aufgabenwandel, Komplexität und Informationsflut in den Organisationen. Die relativ geringsten Herausforderungen stellen sowohl aus Sicht der Praxis als auch aus Sicht der Hochschulen der Aufgabenwandel, der Wertewandel, aber vor allem die Internationalisierung, die trotz anders lautender Beteuerungen auf dem letzten Platz der hier genannten Herausforderungen liegt.

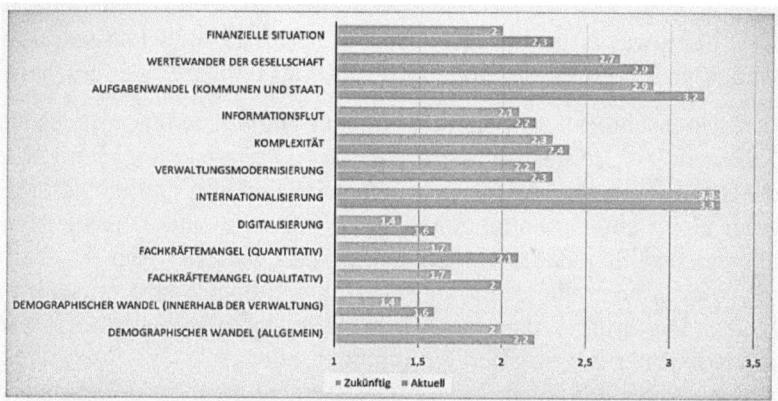

Abb. 5: Aktuell und zukünftig wichtigste Herausforderungen für den öffentlichen Dienst (Perspektive der **Praxis**)(Quelle: Eigene Erhebungen 2018)

Für die wichtigsten Anforderungen der Digitalisierung und des demographischen Wandels sehen sich die befragten Zielgruppen vergleichsweise gut aufgestellt. Nur ein Hochschulvertreter war der Auffassung, dass die eigene Institution eher schlecht aufgestellt ist. Alle anderen fühlen sich einigermaßen gut bzw. mittelmäßig („teils/teils") im Hinblick auf die aktuellen Herausforderungen aufgestellt. Insgesamt erstaunt das Ergebnis hier doch, weil sowohl die Hochschulen als auch die Behörden mit erheblich wachsenden Herausforderungen beim demographischen Wandel zu tun haben, einerseits durch steigende Studierendenzahlen in den Hochschulen, andererseits durch massenhaftes Ausscheiden von Mitarbeitern in den Behörden.

Die Digitalisierung zählt seit einigen Jahren als gesellschaftliches, wirtschaftliches und technologisches Topthema nun auch im öffentlichen Bereich. Das mag auf der einen Seite verwundern, berichten doch einige

Studien über die nur zähe und schwierige Technikintegration in den öffentlichen Verwaltungen, die selbst die Bundeskanzlerin zu der Äußerung verleitete, Deutschland sei ein diesbezügliches Entwicklungsland (Quellen s. Aufsatz E-Government). Und so kann man sich nicht ganz zu Unrecht wundern, warum denn das Thema auch von allen öffentlichen Vertretern, sei es von der Hochschule oder sei es aus der Praxis, teils auf Platz 1 im Ranking gerückt ist. Auf der anderen Seite scheinen die Probleme der Technikintegration sowohl zu einem absoluten als auch zu einem relativen Bedeutungszuwachs beizutragen, weil die Defizite und fehlenden Möglichkeiten im Vergleich zur privaten Wirtschaft immer größer erscheinen.

Für die Hochschulen stellt sich das Thema Digitalisierung mindestens in drei Ebenen als Herausforderung dar. Die Digitalisierung der Lehre in Form von E-Learning-Angeboten einerseits und die Digitalisierung der eigenen Hochschulverwaltung und ihrer Prozesse und Dienstleistungen andererseits zählen dabei zu den ureigenen Aufgaben der Hochschule selbst. Hier können sie technologische Innovationen selbst umsetzen und aufbauen. Die dritte Ebene besteht aus den Digitalisierungsbemühungen der Praxispartner in Form der Technikintegrationen in den Verwaltungen, was heute unter den Begriffen „E-Government" oder „Verwaltung 4.0" firmiert.

In der Bundesarbeitsgemeinschaft digitale Lehre kooperieren Hochschulen sowie Aus- und Fortbildungseinrichtungen des öffentlichen Dienstes. Ausgehend von der Überlegung, dass viele Studieninhalte sich in bestimmten Hochschulen ähneln oder gleichen, ist die BAG bestrebt, den Austausch von Wissen, Informationen und Materialien bis hin zu typischen Lerneinheiten zu ermöglichen. Dazu dient vor allem die gemeinsam betriebene ILIAS-Lernplattform.[25]

Die zweite Ebene der Digitalisierung betrifft die Hochschulen, die eigene Verwaltungen sind oder auch eigene Verwaltungen haben. Hier sind die Hochschulen selbst in der Verantwortung, E-Government um- und einzusetzen, was in einigen Fällen schon gut gelungen ist (z. B. bei der Bewerbung und Immatrikulation), in einigen Fällen aber noch ganz am Anfang steht (z. B. Prozessaufnahmen oder digitale Prozessgestaltung innerhalb

---

25 Vgl. http://hoed-digital.de/allgemeines/, Zugriff am 15.02.2019.

der Hochschulverwaltung). Grundsätzlich scheint sich die Umsetzung von E-Government an den Hochschulen jedoch nicht grundsätzlich vom Umsetzungsstand in den kommunalen oder staatlichen Verwaltungen zu unterscheiden.

Die dritte Ebene wird für die Hochschulen für den öffentlichen Dienst immer wichtiger. Denn wenn das Thema „Digitalisierung" für die Praxispartner immer wichtiger wird, hat das auch unmittelbare Folgen, einerseits für die eigene wissenschaftliche Ausbildung und zum anderen für die Organisation von Praxisprojekten, der angewandten Forschung und des Wissenstransfers. Denn im Zuge der Technikintegration ergeben sich für jede Organisation, auch für die Verwaltungen, neue Fragen, neue Probleme, aber auch vor allem neue Anforderungen an die Kompetenz und das Wissen des Personals. Hier entsteht dann konkret und unmittelbar Diskussionsbedarf, wie neue Curricula oder Fortbildungsprogramme ausgestaltet werden sollten und wie sich die öffentlichen Institutionen mit dem verstärkten Technikeinsatz generell verändern sollten.

Besonders wichtig erscheint in diesem Zusammenhang auch der Hinweis auf künftige Papiere (zur Laufbahnbefähigung) der Innenministerkonferenz. Denn hierbei haben sich zumindest bislang in den Behörden schon immer eher traditionelle Perspektiven und eine Dominanz der juristischen Fachanteile durchgesetzt. Daran sollte sich zumindest in der Praxis zukünftig etwas ändern.

Die Ergebnisse und Hinweise aus den Interviews konnten die Ergebnisse der Web-Befragung durchweg bestätigen. Besonders waren den Rektoren die sich wandelnden Kompetenzanforderungen wichtig. Das ehemalige Spezialistenfeld hat sich genwandelt und heute seien überall Grundkenntnisse wichtig. Derzeit gebe es vier zentrale Kompetenzsäulen, die die Hochschulen in ihren Curricula in den Vordergrund stellen sollte: Recht, Technik, Organisation, Projektmanagement.

Die Aufgabe der Hochschulen liegt nun in der „Durchdigitalisierung" des operativen Geschäfts (Notenlisten etc.), um hier auch wichtige Effizienzgewinne bei den steigenden Studierendenzahlen erzielen zu können. Einige Skepsis gibt es hingegen noch gegenüber digitalen Prüfungsleistungen.

In der Lehre sollte die Digitalisierung umfassend eingesetzt werden. Innovationslabore und „virtual Classrooms", seien hier gute Beispiele. Digitalisierung bedeute bestmögliche Unterstützung, nicht Ersatz der Lehre. Gleichzeitig sehen die Hochschulen aber bedeutendes Potenzial in der Fort- und Weiterbildung.

Mindestens ebenso bedeutsam ist der demographische Strukturwandel, der gerade in den öffentlichen Verwaltungen gleich in mehrfacher Weise wirksam wird:

- Durch die jahrelangen Einstellungsstopps in den Verwaltungen ist das Durchschnittsalter erheblich angewachsen. Dadurch wird nun auch der Bedarf an qualifizierten Fachkräften enorm hoch.

- Entsprechend des hohen Durchschnittsalters gibt es nicht nur eine deutliche Zunahme der Verrentungskandidaten, sondern auch eine weiter ansteigende Zahl an altersbedingten Austritten, bis hin zum Austritt der Baby-Boomer, der in etwa 10 bis 12 Jahren seinen Höhepunkt erreicht haben wird.

- Die wachsenden Bedarfe an qualifizierten Fachkräften treffen heute auf ein tendenziell schrumpfendes Angebot von jugendlichen Bewerbern. Es entsteht ein ungleicher Markt, der noch durch die erhöhte Konkurrenz durch privatwirtschaftliche Angebote weiter angefeuert wird.

Die quantitativen Ungleichgewichte, die der demographische Strukturwandel ausgelöst hat und weiterhin auslösen wird, werden dazu führen, dass ungeachtet regionaler und institutioneller Besonderheiten viele Stellen im öffentlichen Dienst nicht mehr besetzt werden können.

Die Rektoren haben bereits heute eine viel klarere Sensorik als die Praxis. Der aktuelle Bedarf wird in der Praxis augenscheinlich noch nicht ganz so kritisch gesehen. Für die Zukunft sind sich aber die beiden Bereiche nahezu einig, mit einem Wert von 1,3 bzw. 1,5.

Für die Hochschulen des öffentlichen Dienstes zeigen sich die Folgen des demographischen Wandels in krassem Gegensatz zu den Verwaltungen: Mit Ausnahme der externalisierten und frei zugänglichen Hochschulen steigen in den meisten Hochschulen die Studierendenzahlen zum Teil ganz erheblich an, weil eben die Einstellungsbehörden deutlich mehr junge Leute einstellen, um ihren Bedarf schnell und zumindest einigermaßen zu befriedigen. In besonderem Maße sind derzeit die Polizeifachhochschulen von den Entwicklungen betroffen, Bei ihnen verdoppeln und verdreifachen sich zum Teil die Ausbildungszahlen, was nicht nur Engpässe im Bereich der Lehrenden, sondern auch vielfach Engpässe in den räumlichen und sonstigen Infrastrukturen zur Folge haben.

Der demographische Wandel wirkt sich jedoch nicht nur direkt und unmittelbar auf die Hochschulen aus, sondern auch indirekt und mittelbar. Insgesamt verursachen die Aspekte:

- Überalterung,

- Personaldefizite,

- Rekrutierungsprobleme

in mehr oder minder starkem Umfang ein Ansteigen nicht nur des Ausbildungsbedarfs, sondern vor allem auch des Forschungs- und Beratungsbedarfs sowie des Weiterbildungsbedarfs. In allen Fällen haben die Hochschulen für den öffentlichen Dienst eine große Chance, ihre Expertise vor allem in den Missionen 2 und 3 zu zeigen und in die Waagschale zu legen. Allerdings kann als Gegenargument nicht verschwiegen werden, dass gerade aufgrund der aktuell und in den nächsten Jahren wachsenden Inanspruchnahme der Lehrenden in der Ausbildung kaum mehr ausreichende Potenziale für die angewandte Forschung und für den Wissenstransfer bestehen könnten. Dies ist laut Aussagen vieler Rektoren eine durchaus reale Gefahr. Ein Rückgang der Forschungsaktivitäten ist als Reaktion auf den demographischen Wandel somit durchaus möglich.

In den Hochschulen für den öffentlichen Dienst zeigt sich die Situation sehr unterschiedlich: Während einige HöD kaum personelle Unterstützung erhalten, bekommen andere zeitlich befristete Stellen zugestanden. Andere wiederum können sich glücklich schätzen, dass diese Situation durch zahlreiche neue unbefristete Stellen zu einer nachhaltigen Stärkung und zu einem nachhaltigen Aufbau der Hochschulen führen wird.

b) Reaktionen der Hochschulen

Während in einigen Details bereits auf die veränderten Rahmenbedingungen und Entwicklungen reagiert worden ist, zeigen sich grundlegende Reaktionen natürlich in erster Linie mit Strategien und Konzepten. Daher richtete sich diese Frage nach der strategischen Zukunftsbearbeitung in der Web-Befragung auch sowohl an die Vertreter der Praxis als auch der Hochschulen. Es wurde die Frage konkret nach einer allgemeinen Zukunftsstrategie wie auch nach strategischen Konzepten für die Digitalisierung und den demographischen Wandel gestellt.

In Abbildung 6 sind nun die Ergebnisse für die Hochschulen zu sehen. Die allgemeinen Konzepte für die zukünftige Entwicklung sind am häufigsten anzutreffen (15 Hochschulen), das Planungspotenzial ist mit 3 Hochschulen relativ niedrig. Deutlich anders sieht das bei den konkreten Planungen aus. Hier verweisen nur jeweils vier Hochschulen auf eine entsprechend vorhandene Strategie. Allerdings ist das Planungsniveau in Bezug auf die Digitalisierung deutlich höher. Erstaunlich ist aber das Ergebnis, dass sich zahlreiche, und in Bezug auf den demographischen Wandel sogar die meisten Hochschulen nicht systematisch mit den wichtigsten Herausforderungen beschäftigen.

Abb. 6: Strategische Zukunftsbearbeitung in den HöD (Quelle: Eigene Erhebungen 2018)

Die Fragen nach den Gründen sind sehr vielfältig, zeigen sich aber besonders markant in den folgenden Hinweisen und Äußerungen, die die organisatorische Gesamtproblematik der fehlenden Eigenständigkeit sehr anschaulich widerspiegeln:

- „.... Wir haben keinen Einfluss auf die Ausbildungszahlen und können nur an die Ausbildungsträger appellieren. ...",

- „... keine personellen Kapazitäten.",

- „... Notwendigkeit einer "Strategie für die Weiterentwicklung" wurde bisher nicht gesehen.",

- „... bisher keine Kapazität",

- „... Zuständigkeit verschiedener Ministerien, liegt nicht in der Zuständigkeit der Hochschule",

- „... Einstellung ist nicht Sache der Hochschule.",

- „ ... Problem zwar grundsätzlich erkannt, aber: Zuständigkeit verschiedener Ministerien mit unterschiedlichen Auffassungen ...".

c) Die Lehre (Mission 1)

Wie bereits geschildert, ist die wissenschaftliche Ausbildung in Form der Lehre an den Hochschulen für den öffentlichen Dienst das zentrale und manchmal auch ausschließliche Betätigungsfeld und natürlich auch der ursprüngliche Grund ihrer Gründungen in den siebziger Jahren. Und diese Bedeutung hat sich im Rahmen des demographischen Strukturwandels und der Digitalisierung nochmals qualitativ und quantitativ deutlich erhöht. Insofern war es in dieser Studie nur konsequent, die aktuelle Situation und die zukünftigen Erwartungen, zu ermitteln.

Dabei spielen die Themen und inhaltlichen Schwerpunktsetzungen angesichts der beschriebenen Herausforderungen eine besonders große Rolle. Abbildung 7 zeigt die Ergebnisse der Web-Befragung aus Sicht der Rektoren. Wie bereits in zuvor ausgewerteten Befragungen wurde hier eine 5er-Skalierung gewählt, wo kleine Werte eine besondere Wichtigkeit und größere Werte weniger große Bedeutung darstellen. Im direkten Vergleich der Abbildung wird erneut deutlich, dass die Hochschul- und Praxisvertreter sich in ihrer Bewertung nicht sehr deutlich, sondern nur in einigen Detailbewertungen unterscheiden.

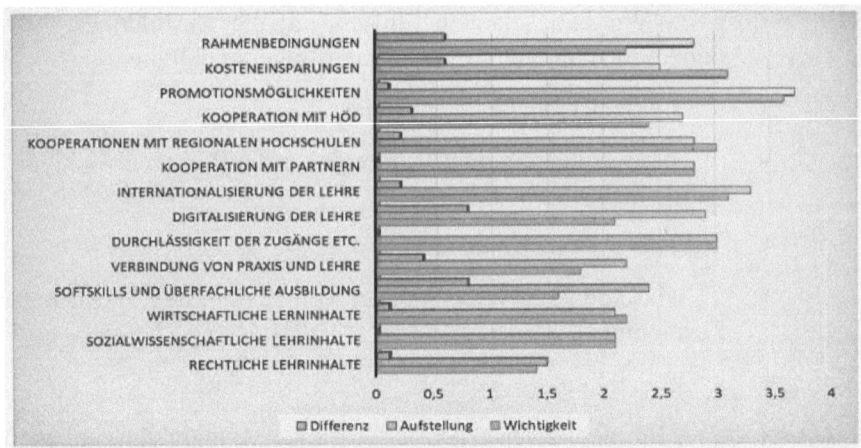

Abb. 7: Die wichtigsten Themen in der Lehre und der Ausbildung aus Sicht der Hochschulen (Wichtigkeit und Aufstellung) (Quelle: Eigene Erhebungen 2018)

Sowohl seitens der Hochschulen als auch seitens der Praxis werden die drei wichtigsten Themen in der Lehre und Ausbildung relativ einheitlich beschrieben:

- Rechtliche Lehrinhalte,

- Softskills und überfachliche Ausbildung sowie

- Verbindung von Praxis und Lehre.

Besonders bei den rechtlichen Inhalten zeigt sich erneut die traditionelle und auch heute noch sehr gute erkennbare Dominanz der juristischen Inhalte, die auch die jeweiligen Laufbahnbefähigungen der einzelnen Lehrprogramme prägen. Überraschend ist allerdings der hohe Wert für die eher breit und weit angelegten Softskills, z. B. Projekt- oder Prozessmanagement, Führungstrainings etc., die für die Praxis und die Hochschulen eine hohe Wertigkeit besitzen.

Die Digitalisierung der Lehre folgt erst auf dem fünften bzw. sechsten Platz noch hinter den wirtschaftlichen oder sozialwissenschaftlichen Lehrinhalten und steht in scheinbarem Widerspruch zur hohen Bedeutung als Herausforderung. Promotionsmöglichkeiten sowie die Internationalisierung der Lehre nehmen sowohl bei den Rektoren als auch bei der Praxis die hintersten Plätze ein, spielen im Alltag also fast keine Rolle. Ähnliches gilt auch für die Durchlässigkeit der Zugänge von und zu anderen Ausbildungsebenen (z. B. zwischen Angestelltenlehrgängen und Bachelor-Studium). Auch Kooperationen landen nur auf hinteren Plätzen und haben in der Bewältigung neuer Aufgaben und Themen innerhalb der Lehrorganisation kaum Platz.[26]

Erstaunlich in der zusammenfassenden Analyse ist das Ergebnis, dass die wichtigsten drei Aspekte, die rechtlichen Lehrinhalte, die Softskills und überfachliche Ausbildung sowie die Verbindung von Praxis und Lehre höhere Bedeutungswerte als aktuelle Aufstellungswerte aufweisen. Das heißt konkret: Hier sehen die Akteure in den Hochschulen und in der Praxis noch Handlungs- und Verbesserungsbedarf. Bei den meisten Faktoren und Themen, die im hinteren Bedeutungsbereich gelandet sind, ist das Verhältnis oft umgekehrt. Hier sind die Gesamtbewertungen niedriger als die Aufstellungswerte. Das heißt, sie sind nicht besonders bedeutsam, aber die Institutionen fühlen sich hier aber auch gut aufgestellt.

Die Ergebnisse konnten seitens der Praxis mit weiteren Aussagen im Rahmen einer offenen Fragestellung ergänzt werden. „Was würden Sie sich für das Thema Lehre und Ausbildung von Ihrer Hochschule für den öffentlichen Dienst konkret wünschen?" Die Antworten der Praxis auf diese Frage konnten wie folgt zusammengefasst werden:

- Eine engere Zusammenarbeit mit den potentiellen Abnehmern, um die Belange der Praxis stärker in die Lehre einzubeziehen, u. a. praxisnähere Ausbildung, bessere Harmonisierung mit der Praxis, enge Verzahnung mit der Praxis (7 Nennungen),

- mehr Flexibilität: Anpassung der Studienangebote an ein sich änderndes Berufsbild (Digitalisierung, Wertewandel der Studierenden und Bürger), schnellere Reaktion auf Entwicklungen

---

26 Zum Teil stehen auch formale Rahmenbedingungen einer Kooperation im Wege. So haben zum Beispiel zwei Hochschulen noch Trimester-Strukturen in ihrer Ausbildung. An einer anderen Hochschule werden unabhängig von Semesterabläufen Studierende in Programmen immatrikuliert.

der Praxis stärkere Berücksichtigung der Auswirkungen der IT-Entwicklung in Ausbildung und Lehre (3 Nennungen),

- Steigerung der inhaltlichen Qualität (1 Nennung),

- geeignete Masterangebote zum Aufstieg in den ehemaligen höheren Dienst (1 Nennung),

- mehr Praktiker als Lehrbeauftragte, mehr Unterricht orientiert an der Praxis, mehr Hardskills (Personal, Organisation, Haushalt), weniger Softskills, zurück zu den Wurzeln als Verwaltungsschule und keine Ersatzuni (1 Nennung),

- Aufbau berufsbegleitender Bachelor-Studiengänge (1 Nennung) sowie

- die Stärkung der Kommunikationsfertigkeiten und der Digitalkompetenz (1 Nennung).

Die auffallende Häufung des Themas Praxisnähe in der Ausbildung und der Hochschulen selbst korrespondiert sehr stark mit der Diskussion in den letzten Jahren, wie eine (wissenschaftliche) Ausbildung im öffentlichen Dienst und die entsprechenden Hochschulen organisatorisch ausgestaltet werden sollten. Auch die zwar nur hier isoliert auftauchende Aussage „Zurück zu den Wurzeln der Verwaltungsschulen" (s.o.) verbunden mit vielen anderen eher traditionell geprägten Vorstellungen einer „idealen (Hoch-)Schule" verweisen auf einen tief liegenden Konflikt zwischen den tradierten Erwartungen und konservativen Akteuren auf der einen und den Reformvorstellungen und modern agierenden Reformvertretern auf der anderen Seite. Um diese Positionen und den gesamten Diskurs nochmals deutlich zu kennzeichnen, soll ein kurzer Exkurs zur Erklärung dienen.

Wie geschildert, haben im Rahmen des Bologna-Prozesses bereits viele Hochschulen in Deutschland ihre Diplom-Studiengänge verändert und sind auf ein zweistufiges Bachelor- und Master-System gewechselt. Die Tatsache, dass trotzdem an den HöD immer noch mehr als ein Drittel der Studiengänge mit einem Diplom abschließen, verweist auf den oben beschriebenen Konflikt der unterschiedlichen Strömungen an den HöD und ihren verantwortlichen Ministerien. Entsprechend ist es auch nicht verwunderlich, wenn die Beurteilung des bisherigen Bologna-Prozesses durch die Praxisbehörden in dieser Befragung sehr gemischt ausgefallen ist. Während der große Teil der Behörden sich nicht zu einem klaren Urteil durchringen konnte, bewertete ein fast gleichgroßer Teil die Reformaktivitäten als gut bzw. als schlecht. Für ein knappes Viertel der befragten Behörden war der Bologna-Prozess, also die Umstellung von Diplom-Studiengängen auf das zweistufige Bachelor-/Master-Modell, erst gar nicht relevant.

In den Interviews wurden seitens der Hochschulen immer wieder auf die umfassenden und stetig eingesetzten Instrumente zur Reform und Weiterentwicklung der Studienprogramme hingewiesen, z. B. Evaluationen, Praxisbeiräte, regelmäßige Befragungen. Und so zeigten sich auch in den Befragungen die zahlreichen neuen Ansätze und Planungen sowie die Wünsche der Praxis.

Aktuell neue Studienangebote haben mehr als ein Fünftel der Hochschulen konkret umgesetzt, während dies fast ein Drittel noch in naher Zukunft plant. Die Aktivitäten sind dabei sehr heterogen und reichen über IT-Einsatz bis hin zu neuen Wahlmodulen oder auch Angebotsformen (z. B. berufsbegleitende Ausrichtungen). Immerhin fast jede zweite befragte Praxisbehörde äußerte Veränderungswünsche für bestehende Studiengänge, die sehr häufig die Vermittlung von IT-Kenntnissen im Fokus haben.

In den letzten Jahren sind von ebenfalls einem Fünftel der Hochschulen neue Studienprogramme ins Leben gerufen worden, wobei auch hier das Planungspotenzial für die nahe Zukunft mit fast 30 % deutlich darüber angesiedelt wurde. Die Wünsche der Praxis nach neuen Studiengängen sind gegenüber neuen Angeboten in alten Studiengängen deutlich verhaltener. So artikulierten insgesamt nur etwas über ein Viertel der Behörden Vorschläge für neue Programme, die darüber hinaus keine deutliche Spezifik beinhalteten.

Die Diskussion der Ergebnisse in den Interviews zeigte erwartungsgemäß auch kein eindeutiges Bild in Bezug auf zukünftige Veränderungen. Und so kann man die Auflistung der getätigten Aussagen auch nur schwer in einen repräsentativen Gesamtkontext stellen, da vielfach einige Meinungen unterstrichen oder relativiert wurden.

Folgende Aspekte aus den Interviews erscheinen vor dem Hintergrund zukünftiger Reformbestrebungen der Ausbildung aus Sicht des Gutachters besonders wichtig:

- Der Hinweis auf die steigende Bedeutung der Politik- und der Geschichts-wissenschaften für die Ausbildung ist von ganz zentraler Relevanz zur nachhaltigen Stabilisierung der Gesellschaft und der Demokratie. Hier müsse man in Zukunft wesentlich mehr tun als heute.

- Softskills sind vor dem Hintergrund umfassender Veränderungen von beruflichen, aber auch von persönlichen Herausforderungen entscheidend für die Leistungsfähigkeit von Absolventen. Deshalb muss es auch hier in Zukunft vermehrte Angebote im Hinblick auf das Verwaltungs- und Organisationsmanagement, auf den flexiblen Umgang mit Problemen allgemein sowie den Einsatz von IT geben.

- Aufgrund der wechselnden Anforderungen und dem Wechsel von Einsatz- und Aufgabenbereichen ist mehr denn je der Verwaltungsgeneralist in der beruflichen Praxis gefordert. Dieser sollte nicht einseitig (auch nicht einseitig juristisch) ausgebildet werden, sondern dazu in der Lage sein, viele juristische, wirtschaftliche, politikwissenschaftliche, soziologische und anderweitige Bezüge herzustellen, um optimale Entscheidungen oder Unterstützungen zu geben.

Eine in dieser Form einzigartige und noch nicht vorhandene Herausforderung ist der aktuelle Zuwachs an Studierenden, der de facto in manchen Studiengängen und Hochschulen einer Verdreifachung gleichkommt (s.o.). Diese Entwicklung stellt die Hochschulen vor sehr große Herausforderungen, die nicht nur in der Logistik (Lehrräume, Unterbringungen, etc.) bestehen, sondern vor allem die Lehrkräfte und die Lehrbedingungen betreffen. Ob und wie lange diese besondere Belastungssituation noch andauern wird, ist freilich nicht bekannt. In den Interviews wurde aber auf drei mögliche bzw. wahrscheinliche Szenarios hingewiesen.

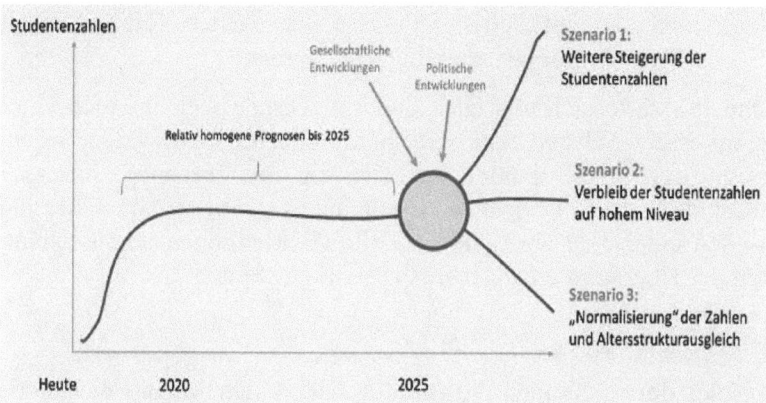

Abb. 8: Die künftige Entwicklung der Studierendenzahlen (Modell)(Quelle: Eigener Entwurf auf Basis der Interviews 2018)

Bis 2025 scheinen die Zahlen relativ valide zu sein. Sowohl die verantwortlichen Ministerien als auch die Hochschule prognostizieren diese Entwicklung relativ einheitlich. Danach gibt es deutlich unterschiedliche Einschätzungen in den einzelnen Bundesländern. Nach den Erläuterungen in den Interviews gibt es drei mögliche Szenarien für die Bundesländer und auf Bundesebene:

- Einige Akteure gehen auch nach 2025 von weiteren und zum Teil deutlichen Steigerungen der Studierendenzahlen aus, da bis dahin sehr viel weitere Mitarbeiter aus den Behörden ausscheiden werden, was angesichts der zu erwartenden demographischen Entwicklungen in vielen Bundesländern auch wahrscheinlich ist und weiterhin steigende Belastungen der HöD verursachen würde.

- Andere sehen jedoch ab 2025 eine weitere Stagnation der Studierendenzahlen auf hohem Niveau.

- Wieder andere sehen nach diesem aktuellen Einstellungsboom eine „Normalisierung" der Studierendenzahlen auf das bisherige Niveau, was eine wiederholte Konsolidierung der Hochschulinfrastruktur voraussetzen würde. Die an einigen Hochschulen nur befristet eingesetzten Stellen könnten damit ab 2025 flexibel wieder abgebaut werden.

Welches Szenario sich nun auch durchsetzen und welche Hochschulstrategie am erfolgreichsten sein wird, bleibt ohnehin abzuwarten. Jedenfalls ist es ein gewichtiger Faktor, wie sich die zukünftigen politischen und gesellschaftlichen Entscheidungen auf die Bewerbersituation der jungen Menschen einerseits, aber auch auf die Ausstattungen und Leistungsfähigkeit der Hochschulen anderseits auswirken werden.

d) Die Weiterbildung (Mission 1)

Neben der dominierenden Ausbildung haben sich in zahlreichen Hochschulen viele Ansätze und Institute für die Fort- und Weiterbildung herausgebildet, die professionell und sehr erfolgreich betrieben werden. Dabei wurde im Zuge dieser Studie nicht grundsätzlich zwischen der Fortbildung als Ergänzung und Aktualisierung des Wissens sowie der Weiterbildung, die für einen neuen Wissens- und Kompetenzbereich steht, unterschieden. Beide Ansätze werden noch dem Ansatz der „Mission1" zugeordnet und gehören deshalb zu dem weiten Themenbereich der Ausbildung bzw. der Lehre.

Die Fort- und Weiterbildung „*brummt*" derzeit, wie ein Rektor einer Hochschule in einem Interview verriet. Und das mindestens aus drei Gründen:

- Zum einen wird die Belegschaft in den Verwaltungen immer älter, was eine immer höhere Fort- und Weiterbildungsnachfrage generiert.

- Zum anderen führen gesetzliche, gesellschaftliche und technologische Änderungen dazu, dass immer wieder neue Regelungen und Kompetenzen hergestellt werden müssen, z. B, aktuell im Rahmen der Datenschutzgrundverordnung (DSGVO).

- Nicht zuletzt sehen jüngere Nachwuchskräfte insbesondere Weiterbildungsangebote wie die Master-Studiengänge als persönlichen „Ausbruch" aus den relativ starren Strukturen im öffentlichen Dienst und wollen ihre Karriere damit befördern. Allerdings finden diese Angebote bisher wenig Anerkennung durch die Praxisbehörden, da die neuen Studienabschlüsse zumindest derzeit nicht in die laufbahnrechtlichen Regelungen passen.

Die Fort- und Weiterbildung ist in einigen Hochschulen traditionell entweder über die Institution Hochschule selbst oder zumindest örtlich an einem Standort mit einer Hochschule verbunden, was nicht unerhebliche Synergieeffekte bewirkt. Gute Beispiele dafür sind die Hochschulen in Rheinland-Pfalz und in Niedersachsen. Rein organisatorisch und finanziell sind die Weiterbildungsinstitute selbständig und verdienen mit den Kursen und Seminaren Geld. Weiterbildungsstudiengänge werden oftmals auch über die Hochschulen selbst als gebührenpflichtige Studiengänge angeboten.

Die teils traditionell hohe Bedeutung der Fort- und Weiterbildung an den HöD wird auch dadurch abgebildet, dass deutlich mehr als die Hälfte der Hochschulen ein Weiterbildungskonzept haben (57 %). Und auch mehr als zwei Drittel der befragten Praxisbehörden verwiesen auf die Existenz eines Weiterbildungskonzepts. Bei den Hochschulen lag das Planungspotenzial mit ca. 10 % aber sehr niedrig, so dass weitere Aktivitäten von anderen Hochschulen trotz der guten bis sehr guten „Geschäftslage" nicht massenhaft zu erwarten sind.

Trotz der zum Teil großen Bedeutung an einigen Hochschulen im öffentlichen Dienst, haben andere Hochschulen wiederum nichts mit der Fort- und Weiterbildung zu tun, womit der insgesamt eher schwache Wert von nur 1,9 für die strategische Relevanz der Fort- und Weiterbildung für die HöD erklärbar ist.

Diejenigen Hochschulen, die Fort- und Weiterbildungsaktivitäten durchführen, sind indes sehr zufrieden, was unter anderem aus der sehr guten Bewertung der Maßnahmen und der Studiengänge abzulesen ist.

Die bei der Ausbildung schon angesprochenen Weiterentwicklungen gelten auch für die Angebotsformen in der Fort- und Weiterbildung. Und so zeigten sich auch hier in den Befragungen die zahlreichen neuen Ansätze und Planungen sowie die Wünsche der Praxis.

Aktuell neue Angebote haben fast ein Fünftel der Hochschulen konkret umgesetzt, während dies ein Viertel noch in naher Zukunft plant. Die Aktivitäten sind dabei sehr heterogen und reichen über Befähigungen zur Laufbahnprüfung bis hin zu Sicherheitsfragen oder auch IT-Technik. Dass sich hier die Praxis deutlich intensiver einmischt, zeigt sich an der Formulierung von Veränderungswünschen, die im Vergleich zu den Wünschen bei der Ausbildung mit fast 40 % deutlich höher liegen. Aber auch hier wurden sehr häufig die Vermittlung von IT-Kenntnissen und die Vermittlung von Führungstechniken genannt.

e) Die angewandte Forschung und Praxisprojekte (Mission 2)

Die Forschung gilt neben der Lehre als wichtigste Mission, die auch eine Fachhochschule im Sinne einer Hochschule für angewandte Wissenschaften erfüllen sollte. Forschung und Lehre sowie deren Verbindung gehören somit zu den traditionellen Aufgaben von Hochschulen und Universitäten und sind bereits seit vielen Jahrzehnten vom so genannten Humboldtschen Bildungsideal geprägt.[27] Angesichts der zunehmenden Forderungen, Erkenntnisse aus den Hochschulen in die Gesellschaft und Wirtschaft zu tragen, ist besonders für Fachhochschulen eine Verknüpfung und Ausdehnung der Aktivitäten über die Hochschulgrenzen hinaus keine gänzlich neue Entwicklung.[28] So liegt der Forschungsaspekt in den Fachhochschulen oftmals im Schnittfeld der drei Missionen, wobei die angewandte Forschung vielfältig mit Tätigkeiten, wie Beratung, kooperative Entwicklungen oder gemeinschaftliche Projektdurchführung, vermischt ist und schon den gesamten Bereich des Anwendungsbezugs verdeutlicht.

Trotz dieser ohnehin schon eher praktischen Ausrichtung der Fachhochschulen ist gerade das Thema Forschung für nicht wenige Hochschulen des öffentlichen Dienstes wenn nicht gar ein Problem, so doch mindestens ein hoch sensibles Thema. Denn seitens der ressortierenden Ministerien oder der Hochschulaufsicht wird das Thema „Forschung" an vielen internen Hochschulen weder gern gehört noch häufig praktiziert. In einigen Hochschulgesetzten ist Forschung überhaupt nicht vorgesehen. Teilweise darf der Begriff der Forschung gar nicht genutzt werden, um unliebsame Reaktionen des Trägers zu vermeiden. In einigen Fällen, z. B. bei der

---

27 Vgl. dazu u. a. *Pasternack* 2008, S. 20.

28 Vgl. *Roessler/Duong/Hachmeister* 2015, S. 14.

Hochschule der Deutschen Bundesbank in Hachenburg, sind Forschungs-aktivitäten unter Hinweis auf ein eigenes Forschungsinstitut nicht ge-wünscht, Drittmitteleinnahmen mithin nicht vorgesehen und nicht mög-lich.

Diese in jedem Fall bemerkenswerte Situation lässt sich allenfalls nur aus der traditionellen Schwerpunktsetzung in der Ausbildung erklären und stellt insbesondere ein wohl einmaliges Phänomen in der deutschen Fach-hochschullandschaft dar. Und hinzu kommen noch zusätzlich die prakti-schen Gesichtspunkte, die Forschungsaktivitäten der Hochschulmitglieder allgemein behindern, z. B. die hohe Belastung durch die Lehre und die Selbstverwaltungsaufgaben.

Insofern verweist die Selbsteinschätzung der eigenen Forschungsaktivitä-ten aus Sicht der Hochschulen mit der Note 3,1 relativ schlechten Werte auf, weil vielfach eben gar keine Aktivitäten vorhanden waren und sind. Dem entgegen steht jedoch eine relativ hohe Bewertung der strategischen Relevanz der Forschung für die zukünftige Hochschulentwicklung und zeigt damit eine auch in vielen Interviews und Diskussionen gespürte Öffnung der Hochschulen für diese Ansätze. So haben wir insgesamt eine schwierige Situation der Hochschulen für den öffentlichen Dienst vorlie-gen, wo einige Hochschulen den Begriff Forschung nicht verwenden dür-fen und ein anderer Teil, gerade die externalisierten Modelle, sich an For-schungsleistungen messen lassen müssen und dementsprechend finanziert werden.[29]

Um den Hochschulen mit diesen schwierigen Rahmenbedingungen und Vorbehalten gegenüber der Forschung entgegen zu kommen und ihnen und ihren Mitgliedern eine Teilnahme an der Studie und am gesamten Diskurs zu ermöglichen, wurde das duale Begriffspaar „Angewandte For-schung / Praxisprojekte" als Terminus technikus vereinbart. Dieser Be-griff wurde nicht nur in dieser Studie genutzt, sondern hat sich derzeit auch bei allen anderen Aktivitäten, z. B. beim neuen Praxis- und For-

---

29 Vgl. z. B. die leistungsorientierte Mittelvergabe an der Hochschule Harz für den FB Verwaltungswissenschaften, wo Drittmitteleinnahmen nach einem Schlüssel in die Budget-Berechnungen einfließen.

schungs-Netzwerk der Hochschulen für den öffentlichen Dienst", etabliert.

f) Der Wissenstransfer (Mission 3)

Der Wissenstransfer wird häufig auch als so genannte „Third Mission" beschrieben. Das Centrum für Hochschulentwicklung /CHE) im westfälischen Gütersloh hat sich innerhalb eines großen Projekts vertiefte Gedanken um diese dritte Mission für Fachhochschulen gemacht: „Hinter der „Dritten Mission" verbirgt sich kein gänzlich neuer Aufgabenbereich der Hochschulen. Vielmehr gibt der Begriff Tätigkeiten, Aufgaben und Leistungen einen Namen, die Hochschulen neben Lehre und Forschung bereits seit vielen Jahren erfolgreich durchführen. (…) Es handelt sich oftmals um einen Sammelbegriff für alle gesellschaftsbezogenen Hochschulaktivitäten, Aktivitäten also, in denen die Beachtung gesellschaftlicher Trends und Bedürfnisse zum Ausdruck kommt, inklusive sozialen und zivilgesellschaftlichen Engagements. Im Third-Mission-Begriff werden damit all die Ansprüche reflektiert, die von der Hochschule fordern, eine sichtbarere und stärkere Rolle in der Gestaltung moderner Wissensgesellschaften zu spielen, und zwar durch die Bereitstellung sozial, kulturell oder ökonomisch nutzbaren Wissens."[30]

Und in der Tat zeigen gerade die jüngsten Beispiele um das Praxis- und Forschungsnetzwerk, wie eng und verflochten die Beziehungen zwischen der angewandten Forschung, kooperativen Praxisprojekten und dem Wissenstransfer allgemein sind. Im engeren Sinne sind in dieser Studie vor allem die sichtbaren Outputs des Wissenstransfers berücksichtigt worden. Das sind im Wesentlichen nach außen und innen gerichtete Aktivitäten im Print- und im Eventbereich und betreffen Schriftenreihen, Publikationen genauso wie Workshops oder Gesprächsforen, wie wohl das renommierteste und gleichsam älteste Format, die „Glienicker Gespräche", die von der HWR in Berlin seit 1987 betreut werden.

Aufgrund des engen konzeptionellen und operativen Zusammenhangs zwischen angewandter Forschung auf der einen und des Wissenstransfers

---

30 *Roessler/Duong/Hachmeister* 2015, S. 5.

auf der anderen Seite überrascht es kaum, dass sich die entsprechenden Ergebnisse sehr ähnlich sind. Wie bei den Forschungsaktivitäten auch ist die Selbsteinschätzung der Transferaktivitäten mit der Note 2,9 relativ schlecht und nur geringfügig besser als bei der Forschung. Dem entgegen steht aber eine relativ hohe Bewertung der strategischen Relevanz des Wissenstransfers für die zukünftige Hochschulentwicklung. Wie bei der Forschung, so sehen viele Rektoren der Hochschulen auch eine zukünftig wichtige Funktion des Wissenstransfers, in dem nicht nur dem eigenen Träger und den Ausbildungsverwaltungen, sondern auch Beteiligten und Interessierten sowie anderen Stakeholdern darüber hinaus gehende Angebote zum Transfer von Forschungsergebnissen und weiteren Erkenntnissen gemacht werden. So kann der Wissenstransfer gerade und nicht unerheblich auch zur Profilbildung und Kompetenzsteigerung beitragen.

3 Bausteine für eine zukünftige Entwicklung

Wie die umfangreichen Ergebnisse der bisherigen Ausführungen gezeigt haben, sind die Hochschulen für den öffentlichen Dienst in einer hochinteressanten Lage, die durch einen erheblichen Bedeutungszuwachs aufgrund des demographischen Wandels gekennzeichnet ist. Wurde fast zwei Jahrzehnte im gehobenen Dienst nur das Nötigste getan, entdeckt man heute in nahezu allen Bereichen der öffentlichen Verwaltung personelle Defizite, die nun durch die HöD schleunigst behoben werden sollen.

Insofern wird genauso wie bei den Verwaltungen auch bei den Hochschulen für den öffentlichen Dienst deutlich, dass der demographische Wandel und die Digitalisierung ganz zentrale Einflussfaktoren und Herausforderungen für die Zukunft geworden sind. Gleichzeitig begünstigen sie aber auch Reformstrategien und neue Konzeptansätze, die ansonsten kaum möglich gewesen wären. Vor diesem Hintergrund zeigt sich ein nicht nur hoher Veränderungsbedarf aus Sicht der Praxis, sondern auch intern aus der Perspektive der Hochschulen selbst.

Ein wesentlicher Vorteil der Hochschulen für den öffentlichen Dienst sind dabei die beiden Faktoren des Praxiszugangs und der Praxisnähe. So sind die Einschätzungen aus Hochschulen und der Praxis in vielen Bereichen dicht beieinander und vermitteln dadurch eine sehr homogene Beurteilung der Herausforderungen und eine beachtliche Kongruenz der Bewertungen.

Auf der anderen Seite bewirkt die institutionelle Nähe auch Probleme bei der Umsetzung von Innovationen, da die sprichwörtliche kulturelle Persistenz der öffentlichen Verwaltung sich in Teilen auch auf die Akteure in den Hochschulen – sowohl bei den Studierenden als auch bei den Professoren und Dozenten – ausweitet. Notwendige und wichtige Innovationen werden so mitunter ver- oder doch behindert.

Unzweifelhaft gewinnen die zweite und dritte Hochschulmission, d.h. also die Forschung und der Wissenstransfer, an Gewicht, und das auch an Hochschulen, die sich bislang ausschließlich der Ausbildung gewidmet haben. Gleichzeitig erfolgt ebenfalls eine verstärkte Kooperation mit der Praxis, was von beiden Seiten (Hochschulen und Praxis) auch zusätzlich angemahnt wird.

Die Hochschulen haben angesichts der zentralen Änderungen der Rahmenbedingungen, allen voran durch die Folgen des demographischen Wandels und der Digitalisierung, gute Chancen, die eigene Situation gemeinsam im Konzert der HöD umfassend und umfänglich zu verändern, zu innovieren und damit nachhaltig zu stärken. Die Voraussetzungen für einen Wandlungs- und Innovationsprozess sind aber nicht nur aufgrund der externen Rahmenbedingungen gut, sondern auch in Bezug auf die Bereitschaft vieler HöD, neue Wege zu gehen oder diese auch zumindest nur einmal auszuprobieren.

Die Erkenntnis, dass viele Hochschulen einfach zu klein und wenig gut aufgestellt sind, um entsprechende Zukunfts- und Kooperationsstrategien systematisch zu entwickeln und vor allem umsetzen zu können, ist gewachsen und erzeugt zumindest einen Willen, Dinge auch einmal von einer anderen Perspektive anzugehen.

Um die tradierten Wege aber zu verändern oder neue Wege zu beschreiten, sind allerdings drei wesentliche Voraussetzungen notwendig:

- Die Institutionen müssen es wollen (**Bereitschaft),**

- die Institutionen müssen es können (**Fähigkeit)** und

- die Institutionen müssen es dürfen (rechtliche und institutionelle **Rahmenbedingungen).**

Während die ersten beiden Aspekte bei den meisten Mitgliederhochschu-len der Rektorenkonferenz zu identifizieren sind, gibt es gerade bei den internen Hochschulen, die zumeist nachgeordnete Behörden der jeweili-gen Ministerien sind und daher zumeist den direkten Weisungen unterlie-gen, Probleme.

Nichtsdestotrotz kann es in dem derzeitigen „Gelegenheitsfenster" einer offenen Bereitschaft (*„Opportunity Window"*) gelingen, gemeinsame und abgestimmte strategische und operative Ansätze der Rektorenkonferenz zu etablieren, um dort die zentralen Elemente der Kooperation und Inno-vation auf der einen und die Aspekte aller drei Hochschulmissionen auf der anderen Seite zu integrieren.

Entsprechend richten sich die nachfolgenden Handlungsempfehlungen nahezu ausschließlich an die Rektorenkonferenz der Hochschulen für den öffentlichen Dienst und erst in zweiter Linie an die einzelnen Hochschu-len selbst.

Aus den Ergebnissen der Studie werden nun die Handlungsempfehlungen abgeleitet. Sie können als Grundlage für eine mögliche zukünftige Agenda der Rektorenkonferenz dienen.

(1) Identität und Marketing: Image und Sichtbarkeit steigern

Die Hochschulen sind derzeit auch im Rahmen der zweimal im Jahr statt-findenden Rektorenkonferenz zu wenig sichtbar. Insofern sollten die schon jetzt guten Ansätze der zweimal jährlichen Presseberichterstattung im Sinne eines integrierten Marketing-Konzeptes auf- und ausgebaut wer-den. Allerdings fehlt es derzeit an grundlegenden Strukturen und Instru-menten, wie z. B. einer professionellen Homepage, routinemäßigen Publi-kationen oder Presseartikeln.

(2) Hochschul-Professionalität: Alle Hochschulfunktionen besetzen

Um die Hochschulen als solche in den Fokus zu rücken, bedarf es auch eines Nachweises aller Hochschulmissionen und Hochschulfunktionen. Insofern können das bereits gegründete Forschungs- und Praxisnetzwerk, aber auch die Bundesarbeitsgemeinschaft Digitalisierung als erste Säulen dieser Aktivitäten gesehen werden.

In Zukunft muss es darum gehen, diese Aktivitäten nachhaltig und strategisch als befristete oder nicht-befristete Themen-Cluster auf- und auszubauen. Hochschulen, die sich (noch) nicht an diesem Prozess beteiligen wollen oder können, werden nicht zu Aktivitäten gedrängt, sondern sollen durch die Erfolge der Aktivitäten zum Mitmachen ermuntert werden (PULL-Funktion).

(3) Kooperation: Systematische Zusammenarbeit herstellen und organisieren

Zusammenarbeit ist in der Regel kein Selbstläufer und bis auf die Rektorenkonferenz selbst als Plattform hat sich in den letzten 45 Jahren nur die Bundesarbeitsgemeinschaft eLearning bzw. jetzt Digitalisierung etablieren können. Dabei gibt es – und das hat die vorliegende Studie deutlich gezeigt – genügend Themen und kooperationswillige Hochschulen und Akteure, die bei aktuellen Themen auf allen Ebenen der Hochschulmissionen stärker zusammenarbeiten wollen.

Ohne diese Kooperationen systematisch, nachfrageorientiert und professionell zu organisieren, wird es aber in Zukunft nicht funktionieren. Zumindest in der Anfangszeit bedarf es daher einer persönlichen und institutionellen Anbahnung und Organisation.

(4) Wissens- und Informationsmanagement: Wissen entwickeln, aufbauen und verteilen

Die mit dieser Studie hervorgebrachten Zusammenstellungen und Erkenntnisse über die Hochschulen für den öffentlichen Dienst können nur ein erster Schritt sein. Denn einerseits konnten auch mit diesen Forschungen nicht alle Bereiche und Hochschulaktivitäten in einer ausreichenden Tiefe behandelt werden und andererseits zeigten sich die Entwicklungs- und Planungspotenziale der einzelnen Hochschulen für neue Studiengänge und Studienangebote als so umfangreich, dass Aktualisierungen und Anpassungen in den nächsten Monaten dringend erforderlich sind.

Die vorliegende punktuelle Studie muss also in ein fortwährendes Wissens- und Informationsmanagement überführt werden, um einerseits die oben beschriebenen Aufgaben umsetzen zu können, andererseits aber auch die Sichtbarkeit der Hochschulen zu gewährleisten.

(5) Netzwerke: Kristallisationskerne bilden und weiterentwickeln

Im Sinne eines systematischen Kooperationsmanagements sollten darüber hinaus bestehende Netzwerke im öffentlichen Bereich mit den bekannten Stakeholdern gestärkt und ausgebaut werden. Darüber hinaus müssen neue Netzwerk-Strukturen zu aktuellen Themen, z. B. E-Government oder Digitalisierung, erschlossen und bearbeitet werden.

Gerade in neuen Bereichen und Themen ist es sinnvoll, die bestehende Expertise von Hochschulen zusammenzuführen und so professionelle und innovative Kristallisationskerne für Themen-Cluster zu schaffen. In der Vergangenheit zeigte sich hier bereits unter den Professoren und Lehrenden eine hohe Bereitschaft, über die Grenzen der eigenen Hochschule zu schauen und mit anderen Kolleginnen und Kollegen thematisches Neuland zu erschließen.

(6) Grundlagen und Steuerung: Operativ handlungsfähige Strukturen schaffen

Auch in der Vergangenheit hat sich schon an einigen Vorhaben gezeigt, dass die relativ lockere Organisationsform der Rektorenkonferenz nur bedingt bzw. teils gar nicht dazu in der Lage ist, bestimmte (operative) Aktivitäten oder Aufgaben umzusetzen. Diese Probleme beginnen bei ganz banalen Aufgaben, z. B. die einfache Umsetzung einer Homepage, wobei bislang immer auf die Ressourcen von einzelnen Hochschulen zurückgegriffen wurde. Dadurch entstehen aber rechtliche und finanzielle Hürden, die im losen Verbund kaum adäquat in den Griff zu bekommen sind.

Insofern erscheint die Etablierung einer operativ handlungsfähigen Struktur in Form eines institutionellen Verbundes als notwendige Voraussetzung dafür, weitere Aktivitäten durchzuführen und anschließend zu professionalisieren. Das, was in Bezug auf die Bundesarbeitsgemeinschaft Digitalisierung möglich war, sollte für die Rektorenkonferenz mit einem geeigneten Konzept allemal realistisch erscheinen. Eine frühzeitige Etablierung einer persönlichen Verantwortlichkeit erscheint jedoch mindestens ebenso wichtig und kann sehr schnell umgesetzt und in die Arbeit des Präsidiums sowie der Rektorenkonferenz integriert werden.

(7) Vision: Ein Kompetenz-Netzwerk der Hochschulen für den öffentlichen Dienst

Im Bereich der allgemeinen Handlungsempfehlungen darf natürlich ein Blick nach ganz vorn im Sinne einer Vision nicht fehlen. Denn die Anfänge des gerade initiierten Forschungs- und Praxis-Netzwerkes zeigen die enorme Motivation und Bereitschaft einiger Hochschul-professorInnen und Lehrkräfte, sich mit Innovationen und Reformen nicht nur in den Verwaltungen, sondern auch in den eigenen Hochschulen zu beschäftigen, um dort auch über den Tellerrand zu blicken. Insofern ist man gerade auch auf dem Weg, ein eigenes bundesweites Kompetenznetzwerk aufzubauen, das als Vision, oder zumindest als Zwischenziel, für weitere innovative Aktivitäten dienen kann. Und in der Folge lassen sich im Rahmen bi- oder multilateraler Kooperationen zwischen ausgewählten und interessierten Hochschulen vielleicht auch ganz andere, größere Projekte etablieren, wie z. B, eine innovative „Lern-Verwaltung" als Praxis-Hochschulprojekt, Aufbau einer virtuellen Verwaltung als IT-LAB oder auch eine „Denk-Fabrik öffentlicher Dienst" von den Hochschulen für den öffentlich Dienst.

Diese Entwicklungen nicht zentral zu lenken, sondern dezentral immer wieder neue Impulse für Netzwerke zu geben, Freiräume zu schaffen und Ideen zu entwickeln sowie systematisch Kooperationen unter den Hochschulen, aber auch mit der Praxis aufzubauen, sollte zu einer nachhaltigen Aufgabe der Rektorenkonferenz werden.

Während eine Geschäftsstelle zukünftig die operativen Strukturen abbilden könnte, die zur Erreichung der oben beschriebenen Ziele notwendig sind, wären offene Themencluster, wie z. B. im Bereich der Digitalisierung, des demographischen Wandels oder anderer aktueller Themen, bedeutsam, um sich schrittweise auch den gemeinschaftlich innovativen und neuen Aktivitäten widmen zu können. Beides, formale Handlungsfähigkeit und innovative, inhaltliche Impulse, sind zur weiteren Entwicklung der Hochschulen wichtig und zukunftsrelevant.

4 Fazit

Die beschriebene und zusammengefasste Grundlagenstudie stellte das Ergebnis eines sehr ambitionierten Projektes über mehr als 14 Monate dar.

Parallel zur Entwicklung und Durchführung dieser Studie erfolgten in 2018/19 viele weitere Aktivitäten der Hochschulen für den öffentlichen Dienst, u. a. über das neue Praxis- und Forschungsnetzwerk. Das hat diesen innovativen Ansätzen noch mehr Rückenwind und Impulse verliehen.

Insgesamt ergeben sich aus den Ergebnissen die deutliche Aufforderung für eine nachhaltige Weiterführung und Forcierung des kooperativen Prozesses sowie einer umfänglichen, neuen Form der Zusammenarbeit, die zahlreiche Möglichkeiten umfassen könnte, z. B.

- gemeinsame Strategien und Umsetzungen beim demographischen Wandel,

- gemeinsame Strategien zur Digitalisierung,

- Innovationsstrategien (neue Studiengänge, Studieninhalte, innovative Schwerpunkte etc.),

- Clusterbildung für bestimmte „Talente", z. B. E-Government, oder Europa,

- gemeinsame Praxisprojekte und Forschungskooperationen,

- gemeinsame Publikations- und Kommunikationsplattformen.

In einigen Aspekten konnte diese Studie nur eine punktuelle Status-Quo-Meldung (z. B. Forschungsschwerpunkte, Studiengänge oder Forschungsaktivitäten) geben oder auch nur die zahlreichen Detail- und Einzelvorschläge strukturieren. Hier sollten sinnvollerweise weitere Instrumente gefunden werden, die eine kontinuierliche Aktualisierung gewährleisten. Denn nur so bleibt das Ziel einer besseren und ganzheitlichen Sichtbarkeit der Hochschulen für den öffentlichen Dienst erreichbar.

5 Literatur

Beck, Joachim / Stember, Jürgen (Hrsg.): Perspektiven der angewandten Verwaltungsforschung in Deutschland. = Schriften des Praxis- und Forschungsnetzwerks der Hochschulen für den öffentlichen Dienst, Bd. 1. Baden-Baden 2018.

Becker, Timo / Kaiser-Jovy, Sebastian: Zur Fragwürdigkeit von Praxisorientierung im Rahmen der Hochschulbildung. In: Die neue Hochschule (DNH), H. 2, 216, S. 104-113 (Download unter https://www.hof.unihalle.de/journal/texte/16_2/BeckerKaiser%E2%80%90 Jovy.pdf, Zugriff am 07.01.2019).

BITCOM e.V. (Hrsg.): Digitale Kompetenzen in der Verwaltung stärken. Impulspapier | Stand: Oktober 2018. Berlin 2018.

Bönders, Thomas: Kompetenz und Verantwortung in der Bundesverwaltung. 30 Jahre Fachhochschule des Bundes für öffentliche Verwaltung. München 2009.

Demografieportal des Bundes und der Länder: Jeder Vierte im öffentlichen Dienst ist über 55 Jahre alt, 2017, online verfügbar unter http://www.demografieportal.de/SharedDocs/Informieren/DE/ZahlenFakten/Oeffentlicher_Dienst_ Altersstruktur.html (zuletzt geprüft am 28.01.2019).

Kleinschmidt, Helmut: „So wissenschaftlich brauchen wir das nicht ...!". Studium oder Ausbildung – Anmerkungen zur notwendigen Akademisierung eines Berufsstandes. In: TREUBRODT, Detlef und Denis KIRSTEIN (Hrsg.): Auf dem Weg zur Hochschule für öffentliche Aufgaben – Aufsätze aus der Rechts-, Polizei-, Wirtschafts-, Verwaltungs-, und Sozialwissenschaft. Festschrift für Hans Paul Prümm zum 60. Geburtstag. = Verwaltung, Recht und Gesellschaft, Bd. 18. Berlin. 2008, S. 165-174.

Lenk, Andreas: Hochschule ohne Professoren? In: HÖV RHEINLAND-PFALZ (Hrsg.): Festschrift 35 Jahre HöV Rheinland-Pfalz. = Mayener Schriften Band 1, Hamburg 2016, S. 16-28.

Möltgen-Sicking, Katrin / Winter, Thorben: Verwaltung und Verwaltungswissenschaft. Eine praxisorientierte Einführung, Springer VS, Wiesbaden 2018, S. 223-227.

Reichard, Christoph / Röber, Manfred: Ausbildung der Staatsdiener von morgen. Bestandsaufnahme – Reformtendenzen – Perspektiven. = Modernisierung des öffentlichen Sektors, Bd. 40. Berlin 2012.

Rössler, Isabel / Duong, Sindy / Hachmeister, Cort-Denis: Welche Missionen haben Hochschulen? Third Mission als Leistung der Fachhochschulen für die und mit der Gesellschaft. = Arbeitspapier Nr. 182, Gütersloh 2015.

Schönfeld, Derk: Corporate Relations – ein Modell für deutsche Hochschulen? In: Wissenschaftsmanagement, H. 4, 08/2007, S. 41-43.

Treubrodt, Detlef / Kirstein, Denis (Hrsg.): Auf dem Weg zur Hochschule für öffentliche Aufgaben. Aufsätze aus der Rechts-, Polizei, Wirtschafts- Verwaltungs- und Sozialwissenschaft. Festschrift für Hans-Paul Prümm. Berlin 2008.

Schedler, Kuno / Proeller, Isabella: New Public Management. Bern, Stuttgart, Wien 2003.

Stember, Jürgen / Grieger, Rainer (Hrsg): Wissensmanagement in öffentlichen Verwaltungen. = Forschungsbeiträge zum Public Management, Bd. 9. Berlin 2015.

Stember, Jürgen: Kooperationsvoraussetzungen und zukünftige Potenziale der Vernetzung an den Hochschulen für den öffentlichen Dienst (HöD) – unveröffentlichte Studienergebnisse. Vortrag vom 30.09.2016.

➢ <u>Zum Autor:</u> *Prof. Dr. Jürgen Stember* ist Professor für Verwaltungswissenschaften an der Hochschule Harz, Präsidiumsmitglied der Rektorenkonferenz der Hochschulen für den öffentlichen Dienst und bis Herbst 2019 deren Leiter.

Die Jugend von heute… - Empirische Befunde zu Einstellungen, Motiven und Werthaltungen von Studierenden des öffentlichen Dienstes im sozialen Wandel

Johanna Groß

Kommunale Hochschule für Verwaltung in Niedersachsen

1 Gesellschaftlicher Hintergrund

Die Folgen des Demografischen Wandels sind auch in der öffentlichen Verwaltung zu sehen. Die Belegschaft ist stark geprägt von der Genration der sogenannten Babyboomer, der Jahrgänge 1955 bis 1969, die kurz vor dem Ruhestand stehen. Im Jahr 2018 war etwas mehr als jede/r vierte Beschäftigte im Öffentlichen Dienst[1] älter als 54 Jahre (Destatis, Beschäftigtenalter, 2019, o.A.). Diese Personen werden ihr Rentenalter in den Jahren zwischen 2020 und 2034 erreichen. Damit ist auch der Arbeitsplan der Verwaltungen für die nächsten Jahre gesteckt: Aufgrund der großen Menge an Personen, die in den nächsten Jahren durch das Erreichen des Rentenalters aus dem Dienst ausscheiden werden, müssen hier systematisch und in entsprechendem Umfang Nachwuchskräfte eingestellt werden.

Daneben steht die Verwaltung ebenso wie andere Arbeitgeber vor dem Problem eines Fachkräfteengpasses. Ein Fachkräftemangel würde bedeuten, dass weniger Personen zu Verfügung stehen, die für die entsprechenden Stellen qualifiziert sind, als Stellen zu besetzen sind. Dieses Phänomen muss nicht zwangsläufig mit einem Arbeitskräftemangel einhergehen, bei dem schlicht die Zahl der arbeitsuchenden Personen geringer ist als die Zahl der zu besetzenden Stellen. So ist zu erklären, dass trotz Arbeitslosigkeit ein Problem für Arbeitgeber bestehen kann, genügend qualifizierte Personen zu finden, um freie Stellen zu besetzen. Zu unterscheiden vom allgemeinen Fachkräfte*mangel* ist ein zeitlich und/oder regional begrenztes Aufkommen des Phänomens, das dann als Fachkräfte*engpass*

---

1   BeamtInnen, RichterInnen, ArbeitnehmerInnen ohne (Zeit-)SoldatInnen.

bezeichnet wird. Dies hat Auswirkungen darauf, welche Maßnahmen zur Personalbeschaffung sinnvoll sein können. Indizien eines Fachkräftemangels oder -engpasses sind unter anderem längere Vakanzzeiten und ungewöhnlich schnelle Erhöhungen der Gehälter. Letzteres resultiert aus einer Maßnahme, die Arbeitgebern zur Verfügung steht, die dazu dient, die wenigen vorhandenen Fachkräfte zu überzeugen, ihr Unternehmen zu wählen. Im öffentlichen Dienst steht diese Option so nicht zu Verfügung, da die höheren Kosten hier nicht an die KundInnen weitergegeben werden können. Darüber hinaus stehen Verwaltungen vor dem Problem, dass ihre Dienstleistungen für die BürgerInnen alternativlos sind – während einem Fachkräftemangel in der Produktion in extremen Fällen dadurch begegnet werden kann, dass die Produktion zurückgefahren wird (vgl. BPB, Fachkräftemangel, 2019). Der öffentliche Dienst muss an einigen Stellen mit Arbeitgebern der freien Wirtschaft konkurrieren, so haben z.B. nicht verbeamtete PolizistInnen die Möglichkeit zu privaten Sicherheitsfirmen zu wechseln, wenn die Bezahlung hier für sie vorteilhafter ist. Dies verschärft die Lage für die Neubesetzung von Stellen des Öffentlichen Dienstes zusätzlich. Eine Gefahr der verzögerten (Neu-)Besetzung von Stellen besteht im Verlust von Fachwissen, dass so nicht direkt von erfahrenen MitarbeiterInnen an NeueinsteigerInnen weitergegeben werden kann. Daher ist die Thematik des Wissenstransfairs von großer Bedeutung.

Auffällig ist Ein anderer wichtiger Aspekt: Wenn man die soziodemografischen Merkmale der im Öffentlichen Dienst Beschäftigten betrachtet, ist die vergleichsweise geringe Zahl an Personen mit Migrationshintergrund. Dieser Vergleich gilt sowohl für andere Berufssparten als auch für die Gesamtbevölkerung. Laut Mikrozensus 2018 weisen 23,85% der erwerbstätigen Bevölkerung Deutschlands, jedoch nur 9,75% der Beschäftigten in der öffentlichen Verwaltung einen Migrationshintergrund[2] auf (vgl. Statistisches Bundesamt, 2019, 55). Im Vergleich dazu liegt die Quote im Bereich Handel, Gastgewerbe und Verkehr bei knapp 30% (vgl. ebd.). Nach Daten einer MitarbeiterInnenbefragung des Niedersächsischen Mi-

---

2 Definition nach dem Mikrozensus: „Eine Person hat einen Migrationshintergrund, wenn sie selbst oder mindestens ein Elternteil die deutsche Staatsangehörigkeit nicht durch Geburt besitzt." (Statistisches Bundesamt, 2109, 4).

nisteriums für Soziales, Gesundheit und Gleichstellung hatten im Jahr 2011/2012 8,1% der Landesbediensteten „ausländische Wurzeln"[3] (Niedersächsisches Ministerium für Soziales, Gesundheit und Gleichstellung, Vielfalt, 2016, 15). Dies ist eine Diskrepanz, die aus verschiedenen Gründen geschlossen werden sollte. Zum einen ist die naheliegendste Maßnahme für eine bürgerInnennahe Dienstleistung, die Wissenspotentiale der Mitglieder verschiedener Gruppen zu nutzen. Da Verwaltungen tagtäglich Anfragen von BürgerInnen mit Migrationshintergrund bearbeiten und, unter Umständen, auf spezielle Bedürfnisse dieser Gruppe eingehen können müssen, ist es sinnvoll, noch mehr MitarbeiterInnen aus eben diesen Gruppen einzustellen. Dann sind nicht nur Teile der Verwaltung näher an der Lebensrealität der BürgerInnen, sondern MitarbeiterInnen können sich auch gegenseitig für kulturell beeinflusste Problemstellungen sensibilisieren.

2 Situation an den Hochschulen

a) Aktuelle Lage

Derzeit steigen die Studierendenzahlen an den deutschen Hochschulen noch stetig an: Wurden im Wintersemester 2000/2001 noch 1,8 Mio. Studierende gezählt, überstieg die Zahl im Wintersemester 2008/2009 die 2 Mio.-Marke und im letzten Wintersemester (2018/2019) waren 2,87 Mio. StudentInnen eingeschrieben. Auch zeigt sich, dass es seit 2009 mehr Studierende als Auszubildende gibt.

---

[3] Unklar bleibt hier, welche Definitionsgrundlage genutzt wurde.

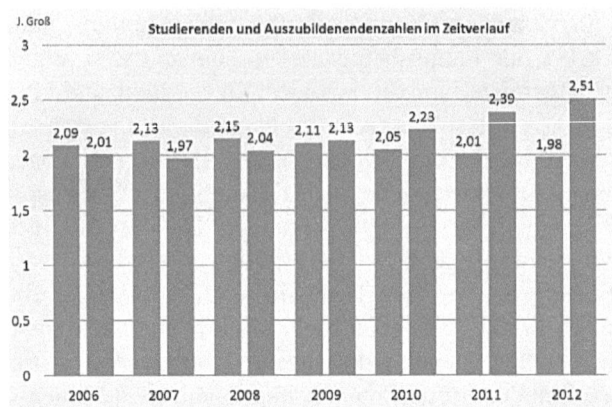

Abb.: Studierenden- und Auszubildendenzahlen im Zeitverlauf (eigene Darstellung nach: Statista, Zahl).

Gleichzeitig zeigen die Statistiken, dass der Anteil an Abiturienten eines Jahrgangs von 2006 mit 30% auf 41% im Jahr 2016 gestiegen ist (Bildungsbericht 2018, 120). Dies ist nicht unbedingt auf eine verbesserte Leistungsfähigkeit der SchülerInnen zurückzuführen, sondern hängt mit einer generellen Noteninflation zusammen, so Haug (vgl. Haug, Noten, 2019).

Auch an den Hochschulen ist zu beobachten, dass Personen, die eine Hochschulzugangsberechtigung und einen Migrationshintergrund besitzen, ein höheres Studieninteresse zeigen (Autorengruppe Bildungsberichterstattung, Bildungsbericht 2018, 155). Jedoch liegt der Anteil Studierender in der Gruppe der Menschen mit Migrationshintergrund niedriger als in der Gruppe derer ohne einen solchen Hintergrund: 2005 studierten 9% „der Bevölkerung mit Migrationshintergrund im Alter von 20 bis unter 30 Jahren" - 2013 waren es jedoch bereits 15% (Autorengruppe Bildungsberichterstattung, Bildungsbericht 2016). Zum Vergleich: Der Anteil Studierender in der Bevölkerung ohne Migrationshintergrund beziffert sich auf 23% (2005: 17%) (vgl. Autorengruppe Bildungsberichterstattung, Bildungsbericht 2016, 179).

Gleichzeitig zeigen Studien an Verwaltungsfachhochschulen (s.u.), dass der Anteil Studierender mit Migrationshintergrund vergleichsweise niedrig ist und zwischen 4,5 und 16% schwankt. Dies könnte daran liegen, dass das Interesse Hochschulzugangsberechtigter mit Migrationshintergrund verstärkt in anderen Fächern als den Verwaltungswissenschaften liegt.

b) Zukünftige Herausforderungen

Insgesamt führen einige der hier beschriebenen Aspekte zu sehr unterschiedlichen Leistungsvoraussetzungen der StudienanfängerInnen, denen die Hochschulen gerecht werden müssen, wenn sie Studierende gewinnen und halten wollen. Vor dem Hintergrund der oben erwähnten wachsenden Zahl an AbiturientInnen, ist von einer größeren Diversität an Leistungspotentialen aber auch Interessen auszugehen. Dies ist ein wichtiger Punkt, der von Hochschulen in der Konzeption beziehungsweise Überarbeitung von Studienangeboten berücksichtigt werden muss. Größere Leistungsspannen müssen didaktisch aufgefangen und Interessenvariationen aufgegriffen werden.

Auch muss bedacht werden, dass die bisher noch steigenden Studierendenzahlen an Verwaltungsfachhochschulen vor allem auf den allgemeinen Anstieg der Studierendenzahlen zurückzuführen sind. Jedoch müssen sich die Hochschulen darauf einstellen, dass sich immer weniger StudienanfängerInnen für ein Studium der Verwaltungswissenschaften entscheiden.

3 Ausgewählte Erkenntnisse einer Studie zu Grundorientierungen, Einstellungen und Meinungen zum Studium von Studierenden des Öffentlichen Dienstes

Um Antworten auf Fragen zu erhalten, die in diesem Zusammenhang an (Verwaltungs-)Fachhochschulen entstehen, werden von der Autorin Erhebungen zu Einstellungen, Meinungen und Verhaltensweisen von Studierenden durchgeführt. Mit diesen Daten kann untersucht werden, wie homogen oder heterogen die aktuelle Studierendenschaft an einzelnen Hochschulen und auch Jahrgängen ist und es können Vergleiche zwischen verschiedenen Hochschulen, Studiengängen und Hochschulformen vorgenommen werden. Das Erhebungsinstrument umfasst Items zu Grundorientierungen, Einstellungen und Meinungen zum Studium sowie Angaben zu demografischen Daten.

Die Befragung wurde an sechs Fachhochschulen durchgeführt (Mehrfacherhebungen bzw. Folgebefragungen), der Datensatz umfasst über 4.000 Fälle und setzt sich aus Studierenden verschiedener Jahrgänge, Studienabschnitte sowie (Verwaltungs-)Studiengänge zusammen. Die Erhebungen wurden zwischen Herbst 2015 und Herbst 2019 durchgeführt. Die Rücklaufquoten liegen in allen Fällen über 80% und im Mittel bei über 90% und sind damit als sehr gut zu bewerten. An dieser Stelle wird sich auf eine Teilstichprobe der Hochschulen HSVN, Fachhochschule für Rechtspflege Nordrhein-Westfalen (FHR NRW) sowie der Hochschule für den öffentlichen Dienst in Bayern (HföD) aus den Jahren 2015 bis 2018 bezogen. Außer an der HföD sind alle einbezogenen Gruppen jeweils am Beginn ihres Studiums befragt worden. Prozentuale Angaben sind jeweils auf die Gesamtheit der TeilnehmerInnen eines Jahrgangs eines Studienganges bezogen.

a) Demografie

Die Geschlechterverteilung zeigt, dass im Schnitt etwas mehr Frauen in den Stichproben und damit in den Studienkohorten vertreten sind, als in der Gesamtdeutschen Bevölkerung. So zeigt sich zum Beispiel, dass im befragten Jahrgang des Studiengangs Rechtspflege gut drei Viertel der Studierenden weiblich sind.

Hinsichtlich des Alters ist die Studierendenschaft sehr heterogen. Nicht immer beginnen die Studierenden ihr Studium direkt nach dem Erwerb der Hochschulzugangsberechtigung auf dem ersten Bildungsweg (in der Altersspanne von 18 bis 20 Jahren), auch wenn dies in denjenigen Kohorten die sich zum Zeitpunkt der Befragung im ersten Studienabschnitt befinden die größte Gruppe ist. Vielfach sind sie bereits in den frühen Zwanzigern vertreten (erster Studienabschnitt: zwischen knapp 20 und über 60%). Aber auch die darüber liegenden Alterskategorien werden durch die Studierenden besetzt: So bewegt sich die Alterskategorie 21 bis 24 Jahre bei den Studienanfängern zwischen circa 20 und knapp 40% des jeweiligen Jahrgangs. Dies geht oft damit einher, dass bereits eine Ausbildung – oft auch im Bereich Verwaltung – absolviert wurde. Insbesondere im Studiengang Strafvollzug der FHR NRW und an der HföD sind auch die Altersklassen der 25- bis 29-Jährigen sowie der 30 Jahre alten und älteren deutlich vertreten. So machen diese Gruppen an der HföD zusammen knapp 30% der StudienanfängerInnen aus. Im Studiengang Strafvollzug gehört sogar über die Hälfte der Studiereden diesen Kategorien an.

b) Mobilität

Die Beurteilung von Mobilität erfolgt über alle Gruppen recht homogen als wichtig. Während ihre Bedeutung in verschiedenen Jahrgängen der HSVN über die Zeit leicht abnimmt, ist an der HföD unklar, welcher Faktor zu einer Veränderung der durchschnittlichen Wichtigkeit geführt hat. Die Daten zeigen, dass es sich insgesamt um einen Kohorteneffekt handeln könnte, durch gesellschaftliche Veränderungen beeinflusst oder aber auf den Fortschritt im Studium zurückzuführen sein könnte. Der Klärung der Frage, welche Zusammenhänge hier wirken, soll mit weiteren gezielten Befragungen nachgegangen werden.

c) Örtliche Gebundenheit

Gleichzeitig wird deutlich, dass sich Studierende der HSVN in späteren Kohorten regional gebundener fühlen. An der HföD bleibt erneut unklar, ob ein Effekt des fortgeschrittenen Studiums vorliegt oder des gesellschaftlichen Wandels über die Zeit. Im ersten Fall würde die Gebundenheit mit voranschreitendem Studium zunehmen. Im zweiten Fall würde sie über die Generationen abnehmen. Insgesamt wird jedoch auch deutlich, dass die Meinungen in diesem Punkt sehr unterschiedlich ausfallen – so werden alle Beurteilungsausprägungen ausgeschöpft.

d) Intellektualität

Während sich im Schnitt zwar knapp 90% der Studierenden für intellektuell halten, geben gleichzeitig im Schnitt nur circa 40% von ihnen an, gerne anspruchsvolle Literatur zu lesen. Während die Antworten hinsichtlich der Intellektualität relativ ähnlich innerhalb der Jahrgänge beantwortet wurden, fielen die Antworten zu den Lesepräferenzen deutlich heterogener aus.

e) Extrinsische und intrinsische Motivationen zur Aufnahme des Studiums

Besonders interessant sind die Ergebnisse zu verschiedenen Motiven des gewählten Studiums: Hier ist auffällig, dass Studierende vor allem durch extrinsische Motive, wie eine sichere Berufsperspektive und finanzielle Sicherheit, motiviert werden. Während inhaltliche Aspekte, wie das Interesse an Verwaltungstätigkeiten und am Kontakt mit BürgerInnen, als weniger wichtig angesehen werden. Insbesondere die sichere Berufsperspektive erfährt sehr einheitlich starke Zustimmung. Dennoch zeigen sich erneut Differenzierungen über die Kohorten der HSVN, die über die Jahrgänge etwas weniger häufig die extremste Zustimmungskategorie wählen. An der HföD ist erneut unklar, worauf das Schrumpfen der mittleren Zustimmung zurückzuführen ist – höhere Semester bzw. frühere Jahrgänge stimmen diesem Motiv weniger stark zu. Ähnlich verhält es sich an der HföD mit dem Motiv der finanziellen Sicherheit; an der HSVN hingegen ist die mittlere Bewertung annähernd gleichbleibend. Betrachtet man die FHR NRW, fällt auf, dass im Studiengang Rechtspflege den extrinsischen Motiven etwas stärker zugestimmt wird als im Studiengang Strafvollzug. Es scheint also einen Zusammenhang mit dem Studienfach zu geben.

Die intrinsischen Motive wurden insgesamt heterogener beurteilt. Besonders diskussionswürdig sind die teils über 20% liegenden Ablehnungswerte für diese Motive – die Fragen danach aufwerfen, wie motiviert diese Personen nach Abschluss des Studiums sein werden, wenn sie in ihren Verwaltungen eingesetzt werden. Hier zeigt sich eine kontinuierlichere Abnahme der Ablehnung des Motivs Interesse am Bürgerkontakt über die Jahrgänge bzw. eine zunehmende Ablehnung mit Fortschritt des Studiums, als es bei dem Interesse an Verwaltungstätigkeiten der Fall ist. Hier fallen die Verteilungen in den beiden früheren Jahrgängen (und höheren Semestern) sehr ähnlich aus, während im jüngsten Jahrgang ein (noch) ausgeprägteres Interesse besteht.

f) Planung: Zeitumfang des Arbeitsaufwands

Über alle Gruppen hinweg geben die meisten Studierenden an, für ihr Studium durchschnittlich einen zeitlichen Arbeitsaufwand betreiben zu wollen, der in etwa einer Vollzeitstelle entspricht. Nehmen an der HSVN die darunterliegenden Aufwandskategorien bei späteren Jahrgängen zu, lässt sich für die HföD eine andere Entwicklung beobachten: die mittlere Gruppe wird vom ersten zum dritten Semester kleiner, und die „Abwandernden" scheinen sich gleichmäßig auf die darüber und darunterliegenden Kategorien zu verteilen. Auch an der FHR NRW zeigt sich ein deutlicher Unterschied zwischen den Studiengängen.

g) Ziele hinsichtlich der Abschlussnote sowie Erwartungen

In fast allen Gruppen zielt die größte Gruppe der Studierenden darauf, die zweitbeste Note „gut" zu erhalten. In der Einschätzung, welche Note sie realistisch beurteilt erlangen werden, liegen die zweitbeste und die drittbeste Notenkategorie gleichauf. Auffällig ist, dass die drittbeste Kategorie durch diejenigen Gruppen häufiger benannt werden, die bereits in höheren Semestern sind.

h) Werte

Die Befragten wurden in einer offenen Frage unter anderem auch gebeten, für sie besonders wichtige Werte zu benennen. In allen Gruppen (im Schnitt und je Gruppe) rangiert „Ehrlichkeit" an erster Stelle (32,1%). Mit einigem Abstand folgen „Treue/Loyalität" an zweiter Stelle (12,77%) und Zuverlässigkeit an dritter Stelle (10,75%).

4 Fazit und Ausblick

Einige der größten Herausforderungen für den Öffentlichen Dienst in den nächsten Jahren werden sein: Nachwuchskräfte vermehrt einzustellen, um dem Fachkräfteengpass entgegenzuwirken und Migration und Integration in Verwaltungen zu verankern, um (neue) Zielgruppen anzusprechen. Dazu gehört auch, sich Gedanken über einen generellen Umgang mit Diversität zu machen. Zum Thema der Diversität gehören unter anderem die Erfassung von Motiven, Einstellungen und Haltungen sowie Wertvorstellungen, aber auch unterschiedliche Leistungsvoraussetzungen sowie unterschiedliche soziale Lagen. Dies hat Auswirkungen im Öffentlichen Dienst auf fast alle (Arbeits-)Bereiche, zum Beispiel Personal.

Worauf müssen sich Hochschulen einstellen? Es kann festgehalten werden, dass es eine begrenzte Auswahl an Studierenden gibt, dass eine

Diversität in der Leistung vorliegt sowie vielfältigere Erfahrungen und Hintergründe der Zielgruppen. Da oftmals mit diesen Veränderungen vereinfacht umgegangen wird, indem Typologien (zum Beispiel sogenannte Generationen X, Y, Z) angeführt werden, suggeriert dies, alle Personen einer Generation seien in Einstellungen, Motiven und Motivationen gleich. Es muss daher ein besseres Beschreibungsmodell gefunden oder entwickelt werden, welches Aspekte wie Vielfalt und unterschiedliche Potentiale wiedergeben kann. Hier setzt die in Auszügen vorgestellte Studie an. In ihr wurden Interessen und Einstellungen von Studierenden ermittelt und zwischen den Jahrgängen verglichen. Zudem wurden soziale Milieus und Motive sowie Grundhaltungen und Wertorientierungen der Studierenden ermittelt, die zum Beispiel zur Aufnahme des Studiums und der Laufbahn im Öffentlichen Dienst geführt haben.

Insgesamt kann festgehalten werden, dass die Studien über all die Jahre sehr gute Rücklaufquoten aufweisen (zwischen 84% und 99,5% liegend). Dies macht eine Repräsentativität der Ergebnisse sehr wahrscheinlich. Teilweise zeigen die Daten hohe Streuungen (Standardabweichungen). Die Geschlechterverteilung zeigt auf, dass insgesamt eine Abweichung vom gesamtgesellschaftlichen Durchschnitt vorliegt; der Frauenanteil ist zum Teil deutlich höher. Die Altersstrukturen der befragten Kohorten liegen in sehr ähnlichen Bereichen.

Mobilität ist den befragten Studierenden sehr wichtig, wobei die Relevanz über die Zeit für einzelne Jahrgänge an bspw. der HSVN abnimmt. An der HföD ist unklar, welcher Faktor zu einer Veränderung der durchschnittlichen Wichtigkeit geführt hat (gesellschaftliche Veränderung, Kohorteneffekt oder Effekt des Fortschritts im Studium). Örtliche Gebundenheit ist ebenfalls wichtig. Hier nimmt die Ausprägung über die Zeit an der HSVN beispielsweise zu.

Viele Studierenden schätzen sich als intellektuell ein. Sehr viel weniger Studierende geben jedoch an, gern anspruchsvolle Literatur zu lesen. Als Gründe zur Aufnahme des Studiums wurden extrinsische sowie intrinsische genannt. Extrinsische Gründe zur Aufnahme des Studiums sind über alle Gruppen sehr hoch ausgeprägt, während intrinsische Gründe durchschnittlich als weniger wichtig beurteilt wurden. Zusätzlich lässt sich anmerken, dass extrinsische sehr viel homogener als intrinsische Gründe bewertet wurden.

Zur Thematik des Arbeitsaufwands lässt sich festgehalten, dass Studierende unterschiedlich viel Zeit für ihr Studium aufwenden (möchten). Beispielsweise zeigt sich an der HSVN über die Jahrgänge der Befragten sogar eine leichte Veränderung nach unten hin, also zu weniger Arbeitsaufwand. Ein Ziel kann bei allen befragten Gruppen festgehalten werden, nämlich, dass die meisten Studierenden erwarten, die zweitbeste Note („gut") als Abschlussnote zu erhalten. Bezüglich der Erwartung kann festgestellt werden, dass in der Einschätzung, welche Note tatsächlich im Ergebnis realistisch sein wird, die zweitbeste oder drittbeste Notenkategorien gleichauf liegen.

Bezüglich der Wertvorstellungen kann anhand der ausgewerteten offenen Frage festgehalten werden, dass in allen Gruppen Ehrlichkeit an erster Stelle (im Schnitt und je Gruppe) rangiert. Im Durchschnitt rangiert „Treue/Loyalität" an zweiter Stelle, in einzelnen Gruppen steht „Zuverlässigkeit" an zweiter Stelle.

Anhand der Studie zu den Einstellungen, Meinungen und Interessen der Studierenden konnte insgesamt ermittelt werden, dass diese in der Tendenz Ähnlichkeiten aufweisen, jedoch innerhalb der Gruppen und zwischen den Gruppen Unterschiede auszumachen sind. In Planung sind weitere Ehebungen, um zu prüfen, ob in einigen Fällen Kohorteneffekte oder eher gesamtgesellschaftliche Einflussfaktoren vorliegen. Inhaltliche Veränderungen und Ergänzungen könnten zudem sein, Erwartungen der Studierenden an den Arbeitgeber zu ermitteln, Thematiken der Integration zu erfassen, die „Technikaffinität" der sogenannten „Generation Z" zu überprüfen sowie weitere mögliche Themenfelder und Einflussfaktoren mit einzubeziehen.

5 Literatur

Autorengruppe Bildungsberichterstattung [Bildungsbericht 2016]: Bildung in Deutschland 2016. Ein indikatorengestützter Bericht mit einer Analyse zu Bildung und Migration.

Autorengruppe Bildungsberichterstattung [Bildungsbericht 2018]: Bildung in Deutschland 2018. Ein indikatorengestützter Bericht mit einer Analyse zu Wirkungen und Erträgen von Bildung.

Bpb [Fachkräftemangel, 2019]: URL http://www.bpb.de/politik/innenpolitik/ arbeitsmarktpolitik/178757/fachkraeftemangel?p=all (letzter Abruf: 25.09.2019)

Destatis [Beschäftigtenalter, 2019]: URL https://www.destatis.de/ DE/Themen/Staat/Oeffentlicher-Dienst/Tabellen/beschaeftigen-alter.html;jsessionid=D16A6BD611E146FED6E4C54EE70EDB12.internet711 (letzter Abruf: 25.09.2019).

Haug, Kristin [Noten, 2019]: Philologenverband fordert schlechtere Noten, Spiegel Online 07.01.2019. URL: https://www.spiegel.de/lebenundlernen/schule/ abitur-noten-gibt-es-eine-inflation-a-1246731.html.

Niedersächsisches Ministerium für Soziales, Gesundheit und Gleichstellung [Vielfalt, 2016]: Vielfalt – unsere Zukunft. Leitfaden zur interkulturellen Öffnung der öffentlichen Verwaltung.

Statista [Zahl, o.A.]: https://de.statista.com/infografik/1887/zahl-der-studierenden-und-auszubildenden/

Statistisches Bundesamt [Bevölkerung, 2019]: Bevölkerung und Erwerbstätigkeit. Bevölkerung mit Migrationshintergrund. Ergebnisse des Mikrozensus 2018, Fachserie 1, Reihe 2.2. Abrufbar unter URL: https://www.destatis.de/DE/Themen/Gesellschaft-Umwelt/Bevoelkerung/Migration-Integration/Publikationen/Downloads-Migration/migrationshintergrund-2010220187004.pdf?__blob=publicationFile (letzter Abruf: 25.09.2019).

> ➢ Zur Autorin: *Prof. Dr. Johanna Groß* ist Professorin für Sozialen Wandel und Konfliktforschung an der Kommunalen Hochschule für Verwaltung in Niedersachsen.

Gemeinsam sind wir stärker – Hochschulvernetzung am Beispiel von UAS7

Britta Schumacher/Claus Lange[1]

UAS7 e.V.

1. Allgemeine Struktur und Gründungsgeschichte UAS7

a) Wer oder was ist UAS7?

UAS7 ist eine Hochschulallianz, die aus sieben forschungsstarken und international ausgerichteten Fachhochschulen, bzw. Hochschulen für angewandte Wissenschaften besteht: Hochschule für Wirtschaft und Recht Berlin, Hochschule Bremen, Hochschule für angewandte Wissenschaften Hamburg, Technische Hochschule Köln, Hochschule München, FH Münster und Hochschule Osnabrück.

Zahlen der UAS7-Mitgliedshochschulen :

- 115.000 Studierende

- 600 Bachelor- und Master-Studiengänge

- 4.000 Lehrende

- ca. 700 Doktoranden in kooperativen Promotionen

- 1.500 Partnerhochschulen weltweit

UAS7 wurde im April 2005 gegründet, interessanterweise mit bzw. parallel zur Eröffnung des New Worker Außenbüros:

- New Yorker Büro befindet sich im Deutschen Konsulat in NYC in der Nähe der UN (in Midtown)

---

1 Das Manuskript stellt eine Bearbeitung der auf der Tagung von Frau Dr. Britta Schumacher verwendeten Präsentation durch Claus Lange dar, dem Geschäftsführer der UAS7 e.V.

- bietet durch den Sitz in den Räumlichkeiten des Auswärtigen Amtes zahlreiche strategische Vernetzungsmöglichkeiten

- in die nordamerikanische Hochschullandschaft

- in die angewandte Forschung

- in die Industrie

- sowie zu anderen deutschen Organisationen vor Ort.

- Initiative ging 2005 vom DAAD aus, der Räumlichkeiten des Deutschen Konsulates bezog.

- und deutsche Universitäten und Hochschulen dazu aufrief, sich um Repräsentanzen dort zu bewerben.

- um gemeinsam mit dem DAAD und der DFG die verschiedenen Facetten der deutschen Hochschullandschaft in Nordamerika zu repräsentieren.

UAS7 hat sich daraufhin für einen solchen Sitz beworben und sich in diesem Zuge auch erst formiert.

b) Warum nun diese sieben und keine anderen?

Warum die genannten sieben Hochschulen die UAS7 bilden, beruhte auf den Verbindungen der damaligen Präsidenten der UAS7-Hochschulen, die sich nach dem Aufruf vom DAAD zusammengefunden haben.

Als das US-Büro erfolgreich betrieben wurde, konnte sich zwei Jahre später der Verein UAS7 e.V. konstituieren und es wurde daraufhin an der Hochschule für Wirtschaft und Recht (HWR) Berlin eine Geschäftsstelle eingerichtet. Dieser Sitz an der HWR Berlin in Berlin-Schöneberg besteht noch heute

2013 wurde aufgrund der strategischen Ausrichtung der Mitgliedshochschulen ein weiteres UAS7-Außenbüro in Brasilien (São Paulo) etabliert, welches über eine ähnliche Struktur (gemeinsam mit DAAD, DFG und anderen deutschen Universitäten) wie in New York verfügt.

c) Aktuelle Struktur von UAS7

UAS7 als eingetragener Verein besteht aus:

- dem Vorstand, der alle 2 Jahre neu gewählt wird,

- der Mitgliederversammlung und

- aus den ständigen Arbeitsgruppen

Der Vorsitzende von UAS7 ist derzeit Prof. Dr. Andreas Zaby (Präsident der Hochschule für Wirtschaft und Recht Berlin). Als Stellvertretende Vorsitzende fungiert Prof. Dr. Ute von Lojewski (Präsidentin der FH Münster), als Schatzmeisterin Prof. Dr. Karin Luckey (Rektorin der Hochschule Bremen). Die Mitgliederversammlung setzt sich aus den Präsidentinnen, Präsidenten, Rektorinnen und Rektoren der sieben Mitgliedshochschulen zusammen und trifft sich zweimal im Jahr zu einer Mitgliederversammlung. Der Vorstand tagt zudem 2-3 Mal im Jahr und in gleicher Folge tagen die ständigen Arbeitsgruppen von UAS7.

2 Arbeitsgruppen

Es existieren vier ständige Arbeitsgruppen, die sich um die Themen Forschung, Internationales, Lehre und Studium sowie Presse und Marketing kümmern:

- Die **AGs Forschung und Lehre und Studium** bestehen hauptsächlich aus den Vizepräsidentinnen und Vizepräsidenten der einzelnen UAS7-Mitgliedshochschulen sowie aus Fachreferentinnen und -referenten.

- **AG Internationales** besteht aus den Büroleiterinnen der Außenbüros und aus den IO-Leiterinnen der einzelnen Mitgliedshochschulen.

- **AG Presse und Marketing** besteht aus den Pressevertreterinnen der einzelnen Hochschulen

Die behandelten Themen hängen stark ab von aktuellen hochschulpolitischen Gegebenheiten ab:

- **AG Internationales:**
  - gemeinsame Projekte in Nordamerika (New Yorker Büro) z.b.: gemeinsame Hochschulmessen, Study Abroad Fairs und Veranstaltungen

  - Bearbeitung gemeinsamer Anträge, Projekte und Ausschreibungen

  - Pflege von gemeinsamen Partnern

  - Auswertung des Study and Internship Programs, welches nord-/südamerikanische Studierende zweimal im Jahr ein Studium oder einen Praktikumsplatz an einer UAS7 Mitgliedshochschule ermöglicht

- **AG Forschung:**
  - Themen, die sich mit der Zukunft der Forschung an Fachhochschulen beschäftigen, Themen sind abhängig von aktuellen hochschulpolitischen Entwicklungen

  - Wissenschafts- und Technologietransfer (also die Umsetzung von angewandter Forschung in marktfähige Innovationen)

  - Entrepreneurship

  - Kooperative Promotionen

  Ziel ist es, gemeinsame Standpunkte und Sichtweisen auszuarbeiten, die bei allen Unterschieden zwischen den Hochschulen trotzdem zu so etwas wie zu einer UAS7 Identität/Sichtweise führen.

- **AG Lehre und Studium:**
  - Digitalisierung (v.a. in der Lehre)

  - Akkreditierung

  - Weiterbildungsangebote

  - Beispiel dafür, wie diese Arbeitsgruppen zu einem handfesten Ergebnis kommen

- ist das Positionspapier zum Thema "Digitalisierung in der Lehre"

- sehr gutes Beispiel für die gemeinsame Arbeit der sieben Hochschulen an der Einschätzung künftiger bildungs- und hochschulpolitischer Herausforderungen

- **AG Presse und Marketing:**

  - Marketing, Presse, Social Media
  - Koordination UAS7 relevanter Pressemitteilungen
  - mediale Begleitung von UAS7 Veranstaltungen und
  - neue Website

Die Arbeitsgruppen und die Mitgliederversammlung sowie die Vorstandssitzungen liefern die Themen und Inhalte zur täglichen Arbeit und zu den strategischen Zielen von UAS7.

3 Strategische Ziele

a) UAS7 als Qualitätsallianz

Die UAS7 haben zunächst das Ziel, über ständige Vernetzung und Austausch, gemeinsame Qualitätsstandards für ausgewählte, hochschulrelevante Bereiche zu setzen.

Bei der Qualitätsallianz soll durch Benchmarking ein Vergleich von Praktiken und Prozessen angestellt werden, um a) einerseits sich selbst verbessern zu können und b) andererseits alle UAS7-Hochschulen aneinander anzugleichen (UAS7-Identität). Themen der Qualitätsallianz sind:

- Berufungsstandards und Richtlinien (hier wird 2019 das bisherige gemeinsame Berufungspapier den aktuellen Erfordernissen angepasst),

- kooperative Promotionsverfahren,

- gemeinsames Verständnis beim Wissens-und Technologietransfer,

- Kernsätze zu Gründungen und Startups und

- Arbeit im Akkreditierungs-und Programmentwicklungspro-zess.

b) UAS7 als Mobilitätsallianz

Die UAS7 haben ferner das Ziel, Internationalität und geographische Mo-bilität ermöglichen. Hierbei geht es hauptsächlich um die Komponenten der Internationalität und Internationalisierung, d.h.

- Partnerhochschulen im Ausland zu etablieren (vorwiegend USA und Brasilien),

- Austauschmöglichkeiten für Studierende, Professoren und für Forscher zu etablieren,

- im Umkehrschluss schneller ausländische Lehrkräfte gewinnen zu können und

- Promotionsprogramme im In-und Ausland zu etablieren.

c) UAS7 als hochschulpolitischer Akteur

Die UAS7 soll sich schließlich in bildungs- und hochschulpolitische De-batten einmischen und Stimme der Fachhochschulen sein, die sie vertritt. Hierbei geht es einerseits um die Stärkung der Marke Fachhochschule in der Politik und Öffentlichkeit und die Hervorhebung der Kernqualitäten von Fachhochschulen, nämlich der Vernetzung zur Wirtschaft und Indust-rie, der regionalen Verankerung der Fachhochschulen und dem hohen Anspruch in Lehre, Studium und angewandter Forschung. Beispiele dafür, wie UAS7 zur Zeit hochschulpolitisch aktiv ist, sind

- die UAS7 Roadshow, die zur Stärkung der Fachhochschul-Professur und damit zur Gewinnung von Nachwuchswissenschaft-lerinnen etabliert wurde. Sie findet drei- bis viermal im Jahr im-mer an einem anderen UAS7-Standort statt und klärt im Rahmen von Podiumsdiskussionen und Vorträgen über das Berufsfeld der Fachhochschul-Professorin bzw. des Fachhochschul-Professors auf. Hintergrund dieser Initiative sind die zahlreichen freiwerden-den Stellen von Fachhochschul-Professuren und die gleichzeitige Wissenslücke in der Bevölkerung. Zur Roadshow kommen ca.

150 Gäste (im Schnitt 1/3 Promovierten mit Erfahrung in der Industrie, 1/3 Lehrbeauftrage, 1/3 Post-Docs von Universitäten zusammen).

- Ein zweites Beispiel ist das Parlamentarische Frühstück, bei dem die UAS7-Präsidentinnen und Präsidenten im direkten Dialog mit Parlamentariern und deren Mitarbeitern treten und fachhochschulrelevante Themenfelder dort direkt präsentieren können. In erster Linie geht es wie im Mai 2018 um Kernthemen wie Duales Studium, wissenschaftlicher Nachwuchs und um angewandte Forschung.

4 UAS7 und Internationalität am Beispiel Nordamerika

Hier soll von der nationalen Vernetzungsarbeit zur internationalen Vernetzungsarbeit anhand des Beispiels UAS7 Liaison Office New York berichtet werden, wie es gelingt v.a. auch was die Internationalisierung betrifft, gemeinsam stärker zu werden. Durch die Zusammenarbeit im Verbund ergibt sich für die Mitgliedshochschulen von UAS7 die Möglichkeit, an größeren und kleineren internationalen Veranstaltungen und Konferenzen teilzunehmen, die die einzelnen Hochschulen im Alleingang nicht unbedingt organisieren und finanzieren könnten. Hier einige Beispiele:

- regelmäßige Repräsentanz auf der NAFSA (die wichtigste US-Messe im Bereich International Education),

- Rekrutierung und Pflege gemeinsamer UAS7-weiter Universitätspartnerschaften (Aktuell: University of Pittsburgh, SUNY, Drexel University, Clemson, University of New Orleans, Northeastern TBD),

- regelmäßige Career Booster-Veranstaltungen an den Goethe Instituten in den USA,

- Repräsentanz auf lokalen Study Abroad Fairs der Partneruniversitäten,

- regelmäßige Veranstaltungen (Panel Discussions) für Wissenschaftler der Mitgliedshochschulen im Deutschen Wissenschafts- und Innovationshaus (DWIH) und

- gemeinsame Förderanträge (aktuelles Beispiel: Deutschlandjahr USA 2019).

UAS7 ermöglicht nicht nur die enge Zusammenarbeit im eigenen Verbund. Durch das Liaison Office in New York, sondern es stehen den UAS7-Mitgliedshochschulen auch in engem Kontakt mit anderen deutschen Hochschulen und Institutionen. Die Hochschul-Verbindungsbüros im German House repräsentieren ihre jeweiligen Hochschulen in den USA und Kanada.

> <u>Zu den Autoren:</u> *Dr. Britta Schumacher* war zum Zeitpunkt des 30. Glienicker Gesprächs im Executive Office der UAS7 e.V. tätig; seither ist sie im Internationalen Büro des Humboldt Internship Program der Humboldt-Universität zu Berlin beschäftigt. *Claus Lange* ist der Geschäftsführer der UAS7 e.V.

Gleichberechtigte Beteiligung von Frauen an den Hochschulen – „Männer als Teil des Problems und Teil der Lösung?"[1]

Claudia Gather

Hochschule für Wirtschaft und Recht Berlin

Ist zu dem Zugang von Frauen zu Hochschulen und ihrem Ausschluss aus dem Elfenbeinturm der Wissenschaft nicht bereits alles gesagt? Muss man Leser*innen mit allseits Bekanntem zum wiederholten Male langweilen, fragte ich mich selbst, als ich den Vorschlag über Frauen an den Hochschulen für das 30. Glienicker Gespräch zu sprechen erhielt. Tatsächlich haben wir es hier mit jahrhundertealten Problemkonstellationen zu tun, die noch immer nicht völlig verschwunden sind. Obwohl deutliche Fortschritte für Frauen an den Hochschulen ersichtlich sind, stellt sich der Fortschritt als eine (noch immer?) extrem langsame Schnecke heraus, vor allem aus der Perspektive vieler Frauen, obgleich sie mit stetigem Tempo voranschreitet. Der Beitrag wird dies zeigen. Möglicherweise ist es an der Zeit, einmal den Betrachtungswinkel zu verändern und den Blick bei diesem Thema stärker auf die Männer zu richten. Sind die Hochschulen immer noch von Männern geprägte Institutionen? Wenn ja, wie kann man auch die Männer dazu bewegen, sich für mehr Geschlechtergerechtigkeit einzusetzen? In diese Richtung möchte ich denken und Sie, die Leser*innen, dabei mitnehmen. „Wir Männer sind nicht nur Teil des Problems, wir sind auch Teil seiner Lösung."[2] Diesen bemerkenswerten Satz äußerte der isländische Außenminister Gunnar Bragi Sveinsson im Jahr 2015. Hieran möchte ich anknüpfen und der Frage nachgehen: Wie können Männer zur Lösung beitragen und was kann auch für Männer an einer

---

1 Ich möchte herzlich Philipp Kenel, Ralf Lottmann, Viola Philipp, und Nina Schlosser für wertvolle Kommentare und Hinweise zu diesem Papier danken.

2 „We men are part of the problem but also part of the solution" so der ehemalige isländische Außenminister Gunnar Bragi Sveinsson am 1.6.2015 im Guardian. Sein Gastbeitrag. erschien im Rahmen der „HeforShe"- Kampagne.

verbesserten Geschlechtergerechtigkeit (an den Hochschulen) erstrebenswert sein?

Dieser Beitrag ist so aufgebaut, dass zunächst kurz ein historischer Blick verdeutlichen soll, welche Entwicklung Frauen und Männer an den Hochschulen genommen haben und von wo aus gestartet wurde. Gewählt wurden hierfür, aufgrund mangelnder Daten, etwas willkürlich die Zeitpunkte 1911 und 1963. Gestreift werden dabei auch die Männer- und Frauenbilder an den Universitäten zu den jeweiligen Zeitpunkten. Das letzte Datum führt uns dann in die Gegenwart und zu den Fragen, ob die Hochschulen auch heute noch von Männern dominiert sind oder ob unterdessen Gerechtigkeit, und das meint eine gleichberechtige Beteiligung beider Geschlechter,[3] erreicht ist, in welchen Hochschulformen und auf welchen Ebenen. Insbesondere in den Spitzenpositionen sind wir von Geschlechtergerechtigkeit noch weit entfernt. Als Erklärung für die Persistenz von Männerdominanz in Spitzenpositionen möchte ich in zwei Richtungen schauen. Einerseits auf mögliche Vereinbarkeitsmuster von Familie und Beruf in solchen Positionen und andererseits auf Mentalitätsmuster von Männern als Gatekeeper für Toppositionen. Ausgewählt wurden dafür solche Erklärungen (u.a. von Männern), die an den Männern ansetzen, also Männer bzw. männerspezifische Verhaltensstereotype und Normen als Teil des Problems sehen. Daran schließt sich die Frage an, wie man im 21. Jahrhundert mit den Männern vom Teil des Problems zum Teil der Lösung und folglich zu mehr Gerechtigkeit für beide bzw. alle Geschlechter kommen kann.

1 Kurzer Blick in die Geschichte von Männern und Frauen an den deutschen Universitäten und Hochschulen seit 1911

In diesem Abschnitt wird der Anteil der Männer in den deutschen Hochschulen zu drei Zeitpunkten 1911, 1963 und 2017 betrachtet. Dies soll helfen zu erkennen, von wo aus gestartet wurde und welche Entwicklung

---

3 Obwohl mir bewusst ist, dass es mehr als zwei Geschlechter gibt und die binäre Sicht auf Geschlecht überwunden gehört, verzichte ich in diesem Text auf weitere Differenzierungen, da insbesondere für den historischen Teil z.B. zu Trans* oder Inter* leider keinerlei Informationen vorliegen. Auch für die aktuelle Situation im Management ist das der Fall. Dies sollte in einem eigenen Beitrag thematisiert werden.

die Anteile der Geschlechter an den Hochschulen in gut 100 Jahren genommen haben. Die ersten beiden Zeitpunkte sind rein forschungsökonomisch gewählt, weil für diese Jahre Daten vorliegen. Der dritte Zeitpunkt soll die aktuelle Situation beschreiben.

a) Die Situation rund um das Jahr 1911

Zum Wintersemester 1908/09 erlangten Frauen in Preußen das Recht auf Zulassung zum Studium und 1918 das Recht zur Habilitation. Jedoch waren sie bis 1920 nicht als Dozierende zugelassen (Wobbe 1997: 86). Nach dem Ende des 1. Weltkriegs, im Jahr 1918, wurde Frauen schließlich nach langen Kämpfen das allgemeine und gleiche Wahlrecht zugestanden. 1911, drei Jahre nach der Zulassung von Frauen zum Studium, sind 95 Prozent der Studierenden sowie 100 Prozent der Ordinarien (Professoren) an deutschen Universitäten männlich (Müller-Benedict 2015: 71).

Auch wenn die Zulassung von Frauen zum Studium für Männer wie Frauen eine historische Zäsur bedeutet und einen kulturellen Wandel einläutet, führt sie jedoch nicht dazu, dass Frauen an den Universitäten willkommen geheißen oder gar ermutigt wurden. Im Gegenteil, den Frauen wird mit Vorbehalten begegnet. Die wenigen Studentinnen sind an den Universitäten zunächst Fremdkörper und laut der überwiegend noch herrschenden patriarchal-bürgerlichen Vorstellungen qua Geschlecht nicht für die Wissenschaft geeignet. Nicht nur das, sie werden in einem vielstimmigen Konzert der Ablehnungen unter anderem auch als Gefahr für die Wissenschaft und die Studenten gesehen. Die Frau gehört ins Heim, so die Ansicht der meisten Männer. „Allzu große Intelligenz - so fürchtete Mann - würde die Frauen davon abhalten, ihrer natürlichen Wesensbestimmung gemäß zu leben" (Universität Heidelberg 2000). Man sah die Arbeitsteilung in Gefahr, bei der der Mann seine ganze Zeit und Energie auf die Wissenschaft verwenden konnte, weil zu Hause eine Frau alle anderen Alltagsangelegenheiten erledigte (Hausen 1986). Mit Ausnahme weniger Stimmen, so bereits Mitte des 19. Jahrhunderts John Stuart Mill, der sich zusammen mit seiner Partnerin und späteren Gattin Harriet Taylor Mill für die Gleichberechtigung von Frauen aussprach,[4] herrschte weitgehend die Ansicht vor, die akademische Lehre sei unangefochten Männern vorbehalten. Die wenigen Studentinnen konnten als sonderliche Ausnahmen weitgehend ignoriert werden.

Dieser männliche Blick auf die Frauen an den Universitäten bleibt noch lange nach ihrer Zulassung zum Studium vorherrschend. Ich will den Leser*innen die krassen Stimmen aus dieser Zeit ersparen[5] und stattdessen eine spätere Stimme aus der kritischen Theorie der 1950er Jahre zitieren. Theodor Adorno schreibt, gut 40 Jahre nach der Zulassung von Frauen zum Studium, in der *Minima Moralia* (1951) über den Stand der Frauenfrage: „Sofern ihnen nur eine gewisse Fülle an Waren gewährt wird, stimmen sie [die Frauen, C.G.] in ihr Los begeistert überein, überlassen das Denken den Männern. [...]. Die Defekte, mit denen sie dafür zu zahlen haben, obenan die neurotische Dummheit, tragen zur Fortdauer des Zustands bei" (Adorno 1951: 116).

b) Die Situation rund um das Jahr 1963

Im Jahr 1963 ist ein gewisser Fortschritt sichtbar. Studentinnen können nicht mehr übersehen werden, aber der Elfenbeinturm, in dem die Wissenschaft ‚produziert‘ wird, bleibt männlich: 76 Prozent der Studierenden in Westdeutschland, also Dreiviertel, sind männlich (DDR 74,1%) sowie 99,8 Prozent der Ordinarien und 96 Prozent der Hochschullehrenden (DDR 96,7%, 1961, für die DDR: Budde 2003:165).

1963 hält Margherita von Brentano, die erste Vizepräsidentin der Freien Universität Berlin, bei den Universitätstagen einen Vortrag über Frauen an deutschen Universitäten. Sie zitiert darin eine Umfrage an Hochschulen aus den 1960er Jahren. Dazu wurden Hochschullehrende befragt. Dabei zeigte sich deutlich, dass die krassen Stimmen noch längst nicht verschwunden waren. Beispielsweise wurden folgende Antworten in dieser Umfrage von Hochschullehrenden gegeben: „Weibliche Hochschullehrer

---

4 Siehe dazu die „Mutmaßungen über Harriet" von Dorothea Schmidt auf den Webseiten des Harriet Taylor Mill- Instituts der HWR: http://www.harriet-taylor-mill.de/images/docs/Mutmassungen.pdf.

5 Einige lassen sich in dem lesenswerten Sammelband von Hausen/Nowotny 1986 nachlesen.

sind immer hässlich. Wenn sie hübsch wären, wären sie geheiratet worden" oder „Weil zu einem Hochschullehrer die ganze Fülle einer männlichen Begabung gehört" oder „Früher war ein Professor etwas ganz Hohes. Die Distanz hat sich gemindert [...]. So kommen auch Frauen schon auf die verrückte Idee, Hochschullehrer zu werden. – Es gibt aber auch gute Frauen" (von Brentano 1963: 142).

Ähnlich negativ ist in dieser Umfrage auch die grundsätzliche Einschätzung der Studentinnen: „Da Frauen prinzipiell ungeistig sind, da ihnen von Natur aus, wissenschaftliche Arbeit nicht möglich ist, kann es eigentlich keine erfolgreichen, noch nicht einmal normal das Studium durchschreitende Frauen geben" (von Brentano 1963: 142). Wenn Frauen in dieser Zeit auch noch eine seltene Erscheinung an der Universität sind, so gibt es sie doch. Gefragt nach der konkreten Erfahrung mit der Leistung von Studentinnen werden interessanterweise keine Leistungsunterschiede zu männlichen Studierenden festgestellt. Dieser eklatante Widerspruch wird in der Befragung so rationalisiert, dass die Leistung zwar gleich sei, sich die Fähigkeiten aber unterscheiden (Mädchen müssen fleißiger sein, um die gleichen Leistungen zu erreichen). Vorwiegend werden Frauen in dieser Untersuchung an den Universitäten als Mängelwesen charakterisiert. Ihnen mangelt es an (in der Reihenfolge der häufigsten Nennungen): „Intellektualität, Intelligenz, geistiger Produktivität, Abstraktionsfähigkeit, logischem Denken, physischer Robustheit, Selbstvertrauen, Autorität und Durchsetzungskraft, Stimmstärke" (von Brentano 1963: 145). Von Brentano (1963: 153) beklagt, dass in der Universität als Stätte der Wissenschaft die Vorurteile gegenüber Frauen „ungehindert und fast stärker gedeihen als anderswo". Erschreckend ist, so schlussfolgert sie, dass die Mehrzahl der Antworten nicht die „Seltenheit, sondern die Unmöglichkeit weiblicher Hochschullehrer" (von Brentano 1963: 142) erklärt.

Gut 20 Jahre später ist, laut Karin Hausen und Helga Nowotny, immer noch viel davon zu spüren. Sie befassen sich 1986 in einem Sammelband kritisch mit der „männlichen" Wissenschaft.[6] Die Frage verweist darauf, dass Wissenschaft nicht geschlechtsneutral ist, obwohl sie dies vorgibt.

---

6   Der genaue Titel lautet: „Wie männlich ist die Wissenschaft?".

Das zeigt sich inhaltlich an den Zielsetzungen, den Fragestellungen, aber auch in der Organisation der Wissenschaft. Die Zulassung der Frauen zur Wissenschaft bedroht sowohl den Wissenschaftsstolz der Männer als auch die sichere Erwartung, sich außerhalb der Wissenschaft im Leben umsorgt und aufgehoben zu finden, so Karin Hausen (1986).

c) Die Situation heute

Es wurde in den Jahren seit der Zulassung von Frauen zum Studium (das war in Preußen 1908) viel erreicht. Die Anstiege auch in der Professorenschaft vor allem in den letzten 30 Jahren sind vielfältigen Frauenförder- und Gleichstellungsmaßnahmen zu verdanken. Hier hat Berlin in Bezug auf die Frauenanteile im bundesdeutschen Vergleich die beste Position. Besonders wenige Frauen lehren im Süden und Osten Deutschlands. Bayern ist mit einem Professorinnenanteil von 20 Prozent Schlusslicht, gefolgt vom Saarland, Mecklenburg-Vorpommern, Sachsen und Baden-Württemberg (alle 21%, Statistisches Bundesamt 2018a: 44ff.). Die bessere Berliner Situation ist den vielfältigen und wirkungsvollen Maßnahmen und Förderprogrammen sowie dem konsequenten Einsetzen für Gleichstellung in der Berliner Politik und den entsprechenden Senatsverwaltungen als auch Frauenbeauftragten an den Hochschulen zu verdanken (siehe hierzu z.B. Abgeordnetenhaus von Berlin 2017).

Manchmal wird bereits argumentiert, dass die Geschlechtergerechtigkeit im Bildungsbereich angekommen ist oder dass gar die Männer mittlerweile benachteiligt werden. Dies zeigt sich daran, dass heute gerade mal knapp 50 Prozent der Studierenden männlich sind (Statistisches Bundesamt 2018a: 114). Außerdem ist die Rede von Jungen als Bildungsverlierern (Hurrelmann/Schulz 2012).

Im Jahr 2017 sind die Männer bei den Professuren allerdings mit 76 Prozent (eigene Berechnung nach Statistisches Bundesamt 2018a: 22ff.; in Berlin 69%, Statistisches Bundesamt 2018a: 40ff.) noch deutlich in der Überzahl. An den Verwaltungsfachhochschulen sieht es für die Professorinnen etwas besser aus. Hier ist der Anteil der männlichen Professorenschaft mit 69,9 Prozent ähnlich hoch wie an den Fachhochschulen in Berlin. Das heißt, hier ist der Frauenanteil mit gut 30 Prozent am höchsten (berechnet anhand Statistisches Bundesamt 2018a: 36ff.).

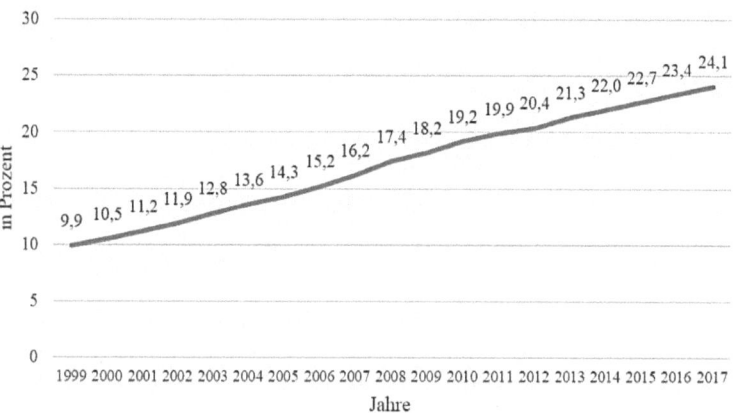

Abb.: Frauenanteile an den (hauptberuflichen) Professuren in Deutschland seit 1999 (Quelle: Statistisches Bundesamt 2018a: 22f.)

Festzuhalten ist, das zeigt auch die Abbildung, dass es Fortschritte gibt, jedoch eher langsamen Tempos. So herrschen im Elfenbeinturm der Wissenschaft die Männer noch zu Dreivierteln vor. Die deutsche Professor*innenschaft ist noch eine männerdominierte Gesellschaft. Es gibt vielfältige strukturelle und kulturelle Barrieren und zähe Glasdecken, die den Aufstieg für Frauen in die Professorenpositionen verhindern.

Frauen sind als Studierende an den Hochschulen gut angekommen, allerdings unterscheiden sich ihre Anteile stark nach Fächern. So wurden 2016 mit 28,8 Prozent nicht mal drei von zehn MINT-Prüfungen von einer Frau abgelegt (Bundesagentur für Arbeit 2018: 21). Bei den Studierenden wie bei den Absolvent*innen beträgt ihr Anteil insgesamt etwas mehr als 50 Prozent (Statistisches Bundesamt, 2018b). Bei den Promotionen liegen Männer noch mit 55,2 Prozent vorne (eigene Berechnung nach Statistisches Bundesamt 2018b). und noch deutlicher bei den Habilitationen mit 68,4 Prozent (eigene Berechnung nach Statistisches Bundesamt 2019).

Das „Frauensterben" auf dem Weg nach oben wird heutzutage vor allem sichtbar bei der Besetzung von Professuren und Präsidien von Universitäten und Fachhochschulen: 83 Prozent der Präsidiumsmitglieder in Deutschland (Berlin 75%) sind Männer (HRK 2019). Wie lassen sich heutzutage die noch verbleibenden Geschlechterungleichheiten, die sich im Wesentlichen in diesen Spitzpositionen abspielen, erklären?

2 Ausgewählte Begründungen für die Beharrlichkeit von Ungleichheit in Spitzenpositionen

Seit den 1970er Jahren ist die Ungleichheit der Geschlechter im Erwerbsleben ein Forschungsthema nicht nur feministischer Wissenschaftler*innen. Es gibt ungezählte Schriften zur vertikalen und horizontalen Segregation, zum *pay gap*, zur gläsernen Decke, zur Vereinbarkeit von Beruf und Familie und einiges mehr.[7] Ich möchte aus der Vielzahl der Erklärungsansätze und Stimmen den Ansatz von Carsten Wippermann (2010) herausgreifen, der sich mit Ungleichheitsstrukturen in Bezug auf Führungspositionen befasst und die Männer in *Gatekeeper*-Positionen betrachtet, also als Personalverantwortliche und auch Führungskräfte, die über den Zugang zu Führungspositionen befinden. Wippermann kommt in seiner Untersuchung zu dem Befund von drei verschiedenen Typen von Mentalitätsmustern von Männern als „Hüter der gläsernen Decke" (Wippermann 2010: 17). Das erste Muster nennt er „konservative Exklusion - Ablehnung von Frauen qua Geschlecht". Bei diesem Muster wird den Frauen der Zugang zu Führungspositionen vom gehobenen Management erschwert, weil sie als Störfaktor in der konservativen Wirtschaft gesehen werden. Sie würden die eingespielten Regeln und Rituale im obersten Management nicht kennen und würden in den männlichen Netzwerken stören. Ähnlich wie bereits zu Beginn des letzten Jahrhunderts fürchtet man um die eingespielte Arbeitsteilung zu Hause. Von Managern wird

---

7 Auch an theoretischen Erklärungen mangelt es nicht. Diese reichen vom Konzept des weiblichen Arbeitsvermögens (Beck-Gernsheim/Ostner 1978), der doppelten Vergesellschaftung von Frauen (Becker-Schmidt 1987), über Theorien zum Geschlechtswechsel von Berufen und der Segregation (Willms-Herget 1985), entlang der Techniklinie (Cockburn 1988), über den Gender bias im job evaluation system (Steinberg 1992), den Token-Ansatz und Karriereleitern (Kanter 1977), den gendered organizations (Acker 1990), den Fahrstuhl vs. Drehtüreffekten sowie boundary work (Heintz/Nadai/Fischer/Ummel 1997), Ansätze der sozialen Konstruktion von Geschlecht: doing gender doing difference (Wetterer 1992, 2002), der Segregation als Herstellung von Hierarchie und Differenz (Allmendinger 2002) und einigen weiteren.

erwartet, dass sie verheiratet sind, Kinder haben und zu Hause eine Ehefrau, die ihnen den Rücken freihält. Frauen, die keine Familie haben oder ihre Familie hintanstellen, seien suspekt (Wippermann 2010: 45).

Das zweite Muster ist das der „emanzipierten Grundhaltung - doch chancenlos gegen männliche Machtrituale". Hier wird zwar von Gleichberechtigung ausgegangen, jedoch herrscht Skepsis, ob Frauen es tatsächlich schaffen können. Das Topmanagement verlange Führungseigenschaften, die alle als männlich assoziiert werden und Härte verlangen. Das stehe im Widerspruch zum Frauenbild in unserer Gesellschaft. Eine Frau, die diese notwendige Härte zeige, wird skeptisch beurteilt. Es gäbe zudem in den obersten Führungspositionen, in den *inner circles*, eine Kultur der „Überlegenheitsdemonstrationen" und der Machtspiele, die für Frauen befremdlich seien und bei denen sie nicht mitspielen wollten (Wippermann 2010: 55ff.).

Das dritte Mentalitätsmuster wird bezeichnet als der „radikale Individualismus: Mangel im Markt an ‚authentischen & flexiblen' Frauen". Diese Führungskräfte gehen davon aus, dass das Geschlecht eigentlich keine Rolle spielt, wenn es um die Besetzung einer Führungsposition geht. Aber es lassen sich eben nicht genügend Frauen finden, die die benötigten Fähigkeiten aufweisen, so die Argumentation. Oder es gäbe nicht genügend Frauen, die dies auch wollten. Bei diesem Muster wird Authentizität als wichtige Eigenschaft betont. Sobald Frauen Härte oder männliche Verhaltensmuster zeigen, wirken sie als Frauen nicht mehr authentisch. Auch die Kontinuität der Berufsbiographie sei für das gehobene Management notwendig. Frauen, die Familien gründen und einige Jahre ausscheiden, fehle die nötige berufliche Kontinuität. Kinderlosen Frauen dagegen wird mit Skepsis begegnet, da sie möglicherweise noch eine Familie gründen wollen und dies einen potentiellen Unsicherheitsfaktor darstelle (Wippermann 2010: 67ff.).

Die dominierenden Mentalitätsmuster wirken zusammen wie ein mehrfach abgeriegeltes System in den männerdominierten Wirtschaftseliten, so Wippermann (2010: 18). Wobei Wippermann nicht den einzelnen Männern die Schuld zuweist, sondern betont, dass es sich bei den Mentalitätsmustern um Führungskulturen und Stereotype handelt, die sich in den Köpfen der Hüter der gläsernen Decke festgesetzt haben (Wippermann 2010: 19).

Zu den von Wippermann dargestellten Mentalitätsmustern möchte ich ein weiteres hinzufügen. Dieses vierte Muster möchte ich das Muster der *sameness* nennen. Das Rekrutieren von Personal (egal auf welchen Hierarchiestufen) erfolgt häufig unter dem Aspekt der Gleichheit – Gleichheit oft in Bezug auf das Geschlecht sowie in Bezug auf Ethnizität und Herkunft. Das zeigt z.b. Yildiz (2017) in ihrer Untersuchung der Friseurbranche. Weichselbaumer (2017) zeigt in einer Studie, für die 1.500 fiktive Bewerbungen versandt wurden, dass Frauen mit „ausländisch" klingendem Namen, bei gleicher Qualifikation, deutlich seltener zu Bewerbungsgesprächen eingeladen werden, als Frauen mit „deutsch" klingenden Namen. Zwei Umstände erscheinen mir dafür relevant: Es fällt leichter, Menschen einzuschätzen und zu vertrauen, die einem ähnlich sind, siehe dazu auch Kotthoff (2006), der dieses Prinzip für Manager transnationaler Konzerne zeigt. Möglicherweise spielt bei der Rekrutierung von Nachfolger*innen auch eine Rolle, dass die männlichen Vorgänger von der Ähnlichkeit ausgehend hoffen, die Nachfolger*innen sind loyal, halten die Vorgänger in Ehren und nehmen sie als Vorbilder. Mit der Rekrutierung von männlichen Nachfolgern, die als ähnlich vielleicht sogar als gleichgesinnt eingeschätzt, werden, scheint dies vermeintlich eher gewährleistet. Bei Frauen, die die Rekrutierer als „anders" einschätzen scheint diese Loyalität eher ungewiss. Dies gilt auch für Besetzungen von Professuren an Hochschulen. Alle diese Mentalitätsmuster, auch wenn sie sich sicher in Veränderung befinden, tragen doch immer noch dazu bei, dass Frauen der Aufstieg in die Spitzenpositionen in Wirtschaft, wie auch an Hochschulen gleichermaßen schwergemacht wird.

Im Folgenden soll die bereits bei den Mentalitätsmustern angesprochene Vereinbarkeitsfrage von Frauen und Familie kurz betrachtet werden. Wie gestalten sich Vereinbarkeitsmuster zwischen Beruf und Familie bei Frauen in Toppositionen?

3 Vereinbarkeitsmuster in Spitzenpositionen

In Spitzenpositionen gilt immer noch die Devise ‚ganz oder gar nicht'. Das meint, es werden Arbeitszeiten und Einsatz für die Sache nicht nur im Rahmen von Vollzeittätigkeit erwartet, sondern sogar auch weit darüber hinaus. In Toppositionen gibt es m.E. vier Muster wie Frauen das Vereinbarkeitsproblem von Familien bzw. Haushaltsaufgaben und beruflicher Karriere lösen.

Das erste und häufigste Muster ist die Kinderlosigkeit. Diese liegt bei Managerinnen bei ca. 62 Prozent, bei den Managern dagegen bei nur knapp 20 Prozent (Odgers-Berndtson 2018: 4f.).[8] Wie das an den Hochschulen bei den Professorinnen aussieht, ist leider nicht Das

Das erste und häufigste Muster ist die Kinderlosigkeit. Diese liegt bei Managerinnen bei ca. 62 Prozent, bei den Managern dagegen bei nur knapp 20 Prozent (Odgers-Berndtson 2018: 4f.).[9] Wie das an den Hochschulen bei den Professorinnen aussieht, ist leider nicht bekannt. Das heißt, Frauen in Spitzenpositionen entscheiden sich gegen Kinder, da diese sich schwer mit der Karriere vereinbaren lassen.

Das zweite Muster ist die Umkehrung der Familienrollen, bei der der Partner wesentliche Teile der häuslichen Aufgaben übernimmt und der Frau den Rücken für die berufliche Arbeit freihält. Wie wir bei den

Das zweite Muster ist die Umkehrung der Familienrollen, bei der der Partner wesentliche Teile der häuslichen Aufgaben übernimmt und der Frau den Rücken für die berufliche Arbeit freihält. Wie wir bei den Mentalitätsmustern gesehen haben, leben dieses Muster mit einer nichterwerbstätigen Hausfrau, deutsche Manager ganz selbstverständlich. Bei deutschen Managerinnen ist dieses Modell „der Mann kümmert sich um die häuslichen Belange und hält der Frau den Rücken frei" noch weit entfernt von der Normalität. Die Männer, die dieses „Opfer" bringen, werden im Allgemeinen sogar bedauert (Gather/Schürmann/Zipprian 2016).

Das dritte Muster ist das der späten Karriere nach einer Familienphase. Dies hat an den Hochschulen jedoch Tücken, weil der späte Start der Karriere in der Regel zu weniger Aufsätzen und weniger einschlägiger Berufserfahrung führt, was sich bei Berufungsverfahren negativ auswirken könnte.

Ein viertes Muster ist das der Doppelkarriere, bei der beide Partner gleichberechtigt in Beruf und Familie agieren. Dies erfordert viel Disziplin und Koordination sowie Carearbeiter*innen im Haushalt. Eine Studie von

---

8 Unter den 40- bis 44-jährigen Akademikerinnen beträgt der Anteil der Kinderlosen im Jahr 2016 25 % (Statistisches Bundesamt 2017).

9 Unter den 40- bis 44-jährigen Akademikerinnen beträgt der Anteil der Kinderlosen im Jahr 2016 25 % (Statistisches Bundesamt 2017).

Wimbauer u.a. (2010) zeigt allerdings, dass trotz egalitärer Einstellungen auch bei diesen Paaren, sobald Kinder vorhanden sind, die Frauen ihre beruflichen Aktivitäten zurückfahren.

Sicherlich wird in vielen Haushalten von Frauen mit Karriereambitionen und vollberufstätigen Müttern Kinderbetreuung und Haushaltsarbeit an bezahlte Carearbeiter*innen delegiert. Dies führt insgesamt eher zu einer Verstärkung der Ungleichheit zwischen Frauen. Es steigt die Anzahl der Frauen meist aus den Mittelschichten, die Karrieren machen können und derjenigen, die für diese die Haushaltsarbeiten gegen Entgelt entrichten, meist ohne Aufstiegsmöglichkeiten (Gather 2004).

Spitzenpositionen in Deutschland verlangen in aller Regel die ganze Frau. Das bedeutet meistens den Verzicht auf Kinder. Wie oft die anderen Muster, die Umkehrung der Geschlechterrollen, späte Karrieren oder Doppelkarrieren vorkommen, weiß man leider nicht.

4 Männer als Teil der Lösung?

Insgesamt hat das gegenwärtige Genderregime viele Nachteile. Es ist zu starr, ermöglicht Frauen nur unter erschwerten Bedingungen die gleiche Teilhabe und birgt auch viele Nachteile für Männer wie z.B. zu wenig Zeit als Väter für die Familie, die kürzere männliche Lebenserwartung, Sinnkrisen nach dem Rentenbeginn, etc. Dass es insgesamt auch anders gehen kann, leben uns die Menschen in den skandinavischen Ländern und auf Island vor. Dort sind Väter schon seit vielen Jahren sehr viel stärker und selbstverständlicher in die Familien eingebunden (siehe z.B. Ellingsæter/Leira 2007).

Wie lässt sich nun, angesichts dieser Probleme und Fakten, Gleichberechtigung, das meint gleichberechtige Beteiligung beider Geschlechter in Beruf und Familie, herstellen, und was können Männer dafür tun?

Wie schon oben angesprochen, gibt es vielfältige Förderprogramme und Maßnahmen für die Förderung und Umsetzung der Gleichstellung. Die Wirksamkeit lässt sich z.B. am Land Berlin zeigen, das im Konzert der Bundesländer an vorderster Stelle bei der weiblichen Besetzung von Professuren steht (siehe hierzu z.B. Abgeordnetenhaus von Berlin 2017). Notwendig ist dafür immer auch ein konsequentes Eintreten für Gleichstellung und vor allem auch für eine (Organisations-)Kultur, die Geschlechtergerechtigkeit auf allen Ebenen unterstützt und durchsetzt. Eine ausführliche Diskussion und Vorschläge für die Hochschulen kann z.B. in einer Broschüre der BuKof mit dem Namen: „gender 2020" (Baaken u.a. 2018) nachgelesen werden.

Obwohl diese Programme unverzichtbar sind, möchte ich mich hier nicht mit ihnen befassen, sondern den Blick auf die Männer richten. Wie können sie vom Teil des Problems zum Teil der Lösung werden? Hierzu möchte ich zunächst den ehemaligen isländischen Außenministers Gunnar Bragi Sveinsson zitieren:

> „The question I pose here is simple enough: why do Icelandic men care about equality? For me, the crux of the matter is that promoting and protecting gender equality involves more than government action. It requires a shift in attitudes and behavior and it requires breaking down harmful stereotypes of what we believe it means to be a man or a woman. So far this discussion has been the purview of women. But for us to create a lasting change, men cannot be absent from this debate. We men are part of the problem but also part of the solution" (Sveinsson 2015).

Der ehemalige Minister spricht sich hier deutlich dafür aus, dass es eines Umdenkens bedarf. Geschlechtsspezifische Stereotypen müssen aufgebrochen werden. Bei den in Kapitel 2 vorgestellten Mentalitätsmustern haben wir gesehen, wie stark diese Stereotypen auch heute noch sind und wie kräftig sie mithelfen, die Glasdecke zu sichern. Dieses Aufbrechen von Stereotypen ist sicherlich eine sehr langfristige und schwierige, dennoch notwendige Aufgabe. Sveinssons Vorschlag, dabei Männer in die Diskussion miteinzubeziehen, könnte helfen, schneller voranzukommen.

Sein Zitat steht in Zusammenhang mit der "HeForShe"-Kampagne (die Männer aufruft, sich für Geschlechtergerechtigkeit einzusetzen) bei der UN aus dem Jahr 2014, welche in Island auf besonders große Unterstützung traf. In Island hatte damals einer von 20 Männern die Kampagne unterzeichnet, während es z.B. in Großbritannien nur einer von 23.000 waren (Sveinsson 2015). Für Deutschland sind einzelne Unterzeichner und prominente Unterstützer bekannt, z.B. Bundespräsident Steinmeier, Ex-Außenminister Sigmar Gabriel, bis zum CEO von Vodafone, jedoch nicht die Anzahl der Unterzeichner insgesamt (internationale Unterzeichner sind u.a. Barack Obama, Justin Trudeau und Prince Harry, siehe Nordmeyer 2018: 11). Das Ziel der Kampagne ist, Männer als Unterstützer für die Gleichberechtigung der Geschlechter zu gewinnen. Dazu müssen Männer mehr einbezogen werden und sich beteiligen wollen (UN Women Deutschland o.J.). Dabei wird betont, dass die Gleichstellung der Geschlechter eine Frage der Gerechtigkeit für alle Menschen sei, also auch ein „Männerproblem". Auch Männer sind durch Geschlechterstereotype gefangen, so wird z.b. Vaterschaft in der Gesellschaft nicht hinreichend wertgeschätzt. Auch Männer profitieren von der Gleichheit der Geschlechter und können dadurch mehr Freiheit erlangen. Urwin (2017) betont diesbezüglich außerdem, dass, während Frauen durchaus ermutigt werden auch in traditionell männliche Bereiche einzudringen, eine solche Ermutigung umgekehrt bei Jungen und Männern noch weitgehend fehlt. Dörre (2012) bringt das Problem auf dem Punkt: Auch die Männer leiden am Patriarchat.

Wippermann (2016) zeigt in einer Studie für Deutschland, dass es mittlerweile auch bei Männern erste Ansätze zur Befreiung von Geschlechterstereotypen gibt. Das Thema Gleichstellungspolitik beschäftigt Männer zunehmend. Gut 50 Prozent der von ihm befragten Männer sprechen sich demnach für Geschlechtergerechtigkeit aus (Wippermann 2016: 11). Sie wollen sich, so Wippermann, zunehmend für mehr Gleichstellung im Privatleben und im Beruf einsetzen. Dies betrifft insbesondere eher jüngere Männer, von denen sich einige eine eigenständige Gleichstellungspolitik für Männer wünschen (Wippermann 2016: 8).[10] In Bezug auf das Verhalten, z.B. der Bereitschaft zur Aufgabenteilung, gibt es jedoch „Verharrungstendenzen und Widersprüche" (Wippermann 2016: 145). Bei den fünf von ihm entwickelten Leitbildern männlicher Identität, sind nur die zwei letzteren solche, die moderne nicht-traditionelle Männlichkeit explizit beinhalten: „Der weiche, flexible, sich verändernde Mann" (10%-Anteil an den Leitbildern von Männern), hält das alte Männerbild Frauen gegenüber für ungerecht und definiert die eigene Identität mit Bezug auf Emanzipation und Feminismus (Wippermann 2016: 132ff.). Der „ganzheitliche ‚komplette' Mann" (7%-Anteil an den Leitbildern von Männern,

---

10 Es gibt einige Initiativen und Gruppierungen, die sich kritisch mit Männlichkeit auseinandersetzen. So gibt es u.a. bei Bündnis 90/Die Grünen einen Arbeitskreis für Männer- und Väterpolitik.

2016: 14) wendet sich von der Idee der Zuordnungskategorien und der Unterschiedlichkeit der Geschlechter ab und sucht danach, die individuellen Anlagen unter Einbezug aller Verhaltensmöglichkeiten und Kompetenzen zu entwickeln (Wippermann 2016: 134ff.). Es lässt sich zudem, laut Wippermann, eine zunehmende Polarisierung beobachten. Auf der anderen Seite stehen insbesondere Anhänger rechtsextremer Parteien, die Geschlechterstereotypen betonen und alles diffamieren, was mit „Gleichstellung" verbunden ist (Wippermann 2016: 145). Insgesamt lässt sich aus der Studie von Wippermann schließen, dass ein Teil der Männer bereit ist, zu einem Teil der Lösung zu werden, also sich für mehr Gleichstellung einzusetzen. Ein weiterer Teil muss dafür erst noch begeistert werden. Nur ein kleiner Teil wird vermutlich für dieses Thema nicht zu erreichen sein.

5 Schluss

Zusammenfassend lässt sich festhalten, dass Frauen in den letzten 110 Jahren an den Hochschulen angekommen sind, wenngleich in etwas unterschiedlicher Weise bzgl. der jeweiligen Fächer. In den Spitzenpositionen jedoch, bei den Professuren und den Leitungen, sind wir Frauen noch deutlich vom Ziel der Gleichstellung entfernt. Bei den Gatekeepern (allerdings wurde dies nur für die Wirtschaft gezeigt) herrschen noch eher traditionelle Stereotype über Frauen vor, wenn auch in modernisierten Formen, die Frauen den Weg an die Spitze erschweren. Wie wir bei den Mentalitätsmustern der Manager gesehen haben, sind hierbei auf unterschiedliche Arten und Weisen immer noch Geschlechterstereotype, die Familie und Spitzenkarrieren bei Frauen für unverträglich halten, virulent. Männer sind als Personalverantwortliche und Manager die Gatekeeper der gläsernen Decke. Das gilt auch in den Hochschulen für die Präsidien und überwiegend auch (noch) für Berufungskommissionen. Die interessante Frage ist hier, wie man diese Männer vom Gatekeeper zum Gateopener transformieren kann. Wie lassen sich die Stereotype in ihren Köpfen aufweichen? Wie können sie Vertrauen auch zu „anderen", ihnen nicht ähnlichen, Menschen fassen? Wie lässt sich an den Hochschulen eine Kultur der Gleichberechtigung entwickeln, die auch auf Findungs- und Berufungskommissionen ausstrahlt? Hier gilt es, gemeinsam mit den Männern in den Hochschulen, die auch etwas verändern wollen auszuloten, was gemeinsame Ziele sein können und welche Vorgehensweisen und Strategien jeweils am besten sind.

Frauen in Toppositionen verzichten, im Gegensatz zu Männern in diesen Positionen, immer noch weitgehend auf Kinder. Es mangelt immer noch zu sehr an einer guten Vereinbarkeit von Familie und Beruf, insbesondere auch für Väter. Wir wissen z.b., dass viele Väter sich stärker in den Familien, vor allem bei der Kindererziehung, engagieren wollen (BMFSFJ 2018), dabei aber ökonomische Verluste und Einbußen in ihren Karrieren befürchten. Wie können Hochschullehrerkarriere und eine aktive Vaterschaft gelingen? Sollte Vaterschaft auch bei Männern bei Berufungen Berücksichtigung finden? Welche Maßnahmen können in Hochschulen dazu beitragen und Väter dazu ermutigen?

Auch wenn es einige Fortschritte gibt, sind wir in Deutschland noch weit von einer gerechten, gleichberechtigten Aufgabenteilung im Haushalt entfernt (s. z.B. den 2. Gleichstellungsbericht, BMFSFJ 2017). Immer noch wird Hausarbeit eher nach Geschlechterstereotypen und Ernährerrollen verteilt als z.B. nach Neigungen und Fähigkeiten oder nach Gesichtspunkten von Partnerschaftlichkeit und Gerechtigkeit. Wie können wir hier schneller gemeinsam mit Männern und Vätern vorankommen? Was könnte den Männern helfen, sich dafür stark zu machen?

Wir brauchen die Männer im 21. Jahrhundert für den Kulturwandel, der sowohl im Privaten, wie auf der Ebene der Hochschulen, notwendig ist. Es gibt Unzufriedenheit und Bewegungen bei den Männern, es gibt Männer, die heraus wollen aus althergebrachten Stereotypen, die an mehr Freiheit interessiert sind. Möglicherweise gibt es ja mehr Gemeinsamkeiten mit diesen Männern als wir Feministinnen denken. Es bedarf der Koalitionsbildung, wir sollten Bündnisse schmieden, eine Gerechtigkeitsdebatte führen, um bisherige Argumentationsstrukturen aufzubrechen und um gemeinsam mehr Geschlechtergerechtigkeit für alle Geschlechter zu fördern und fordern.

6 Literatur

Abgeordnetenhaus von Berlin (2017): Dreizehnter Bericht über die Umsetzung des Berliner Landesgleichstellungsgesetzes gemäß § 19 LGG. Drucksache 18/0497

Acker, Joan 1990: Hierarchies, Jobs, Bodies: A Theory of Gendered Organizations. In: Gender & Society, Vol. 4, pp. 139–158

Adorno, Theodor (1951): Minima Moralia. Frankfurt/M.: Suhrkamp

Allmendinger, Jutta/Astrid Podsialowski (2001): Segregation in Organisationen und Arbeitsgruppen. In: Heintz, Bettina (Hrsg.): Geschlechtersoziologie. Kölner Zeitschrift für Soziologie. Sonderheft 41. Jg, S. 276–307

Baaken, Uschi u.a. (2018): gender 2020. Auf dem Weg zu einer geschlechtergerechten Hochschul- und Wissenschaftskultur. https://bukof.de/wp-content/uploads/gender2020_broschuere.pdf

Becker-Schmidt, Regina (2008): Doppelte Vergesellschaftung von Frauen: Divergenzen und Brückenschläge zwischen Privat- und Erwerbsleben. In: Ruth Becker/ Beate Kortendiek (Hg.): Handbuch Frauen- und Geschlechterforschung. VS Verlag für Sozialwissenschaften, S. 65-74

Becker-Schmidt, Regina 1987: Die doppelte Vergesellschaftung – die doppelte Unterdrückung. In: Unterkirchner, Lilo/Ina Wagner (Hrsg.): Die andere Hälfte der Gesellschaft. Wien: ÖGB-Verlag, S. 10–25

Beck-Gernsheim, Elisabeth/Ostner, Ilona (1978): Frauen verändern – Berufe nicht? Ein theoretischer Ansatz zur Problematik von 'Frau und Beruf'. In: Soziale Welt, Jg. 29, H. 3, S. 257-287

BMFSFJ (2017): Zweiter Gleichstellungsbericht der Bundesregierung. Online: https://www.gleichstellungsbericht.de/zweiter-gleichstellungsbericht.pdf

BMFSFJ (2018): Väterreport. Online: https://www.bmfsfj.de/blob/127268/2098ed4343ad836b2f0534146ce59028/vaete rreport-2018-data.pdf

Budde, Gunilla (2003): Frauen der Intelligenz. Akademikerinnen in der DDR, 1945-1975, Göttingen: Vandenhoek & Ruprecht

Bundesagentur für Arbeit (2018): MINT-Berufe. Berichte: Blickpunkt Arbeitsmarkt. Online: https://statistik.arbeitsagentur.de/Statischer-Content/Arbeitsmarktberichte/Berufe/generische-Publikationen/Broschuere-MINT.pdf

Cockburn, Cynthia (1988): Die Herrschaftsmaschine. Geschlechterverhältnisse und technisches know-how. Hamburg: Argument Verlag

Dörre, Klaus (2012): Prekäre Männlichkeit: Alles ganz anders? In: Prömper, Hans/ Jansen, Mechthild/ Ruffing, Andreas (Hg.): Männer unter Druck – Ein Themenbuch, Opladen: Barbara Budrich, S. 147-164

Ellingsæter, Anne Lise/Leira, Arnlaug (2007): Familienpolitische reformen in Skandinavien. In: WSI Mitteilungen, Ausgabe 10/2007, S. 546-553

Gather, Claudia (2004): Paid and Unpaid Housework and Social Inequality in Germany. In: Atlantis: A Women's Studies Journal. Special Issue – Never Done: The Challenge of Unpaid Work. Vol. 28.2, pp. 61-71

Gather, Claudia/Schürmann, Lena/Zipprian, Heinz (2016): Self-employment of men supported by female breadwinners. In: International Journal of Gender and Entreprneurship. Vol 8, No 4, pp. 353-372

Hausen, Karin (1986): Warum Männer Frauen zur Wissenschaft nicht zulassen wollen. In: Hausen, Karin/ Nowottny, Helga (Hg., 1986): Wie männlich ist die Wissenschaft. Frankfurt/M.: Suhrkamp, S. 31-42

Hausen, Karin/ Nowottny, Helga (Hg., 1986): Wie männlich ist die Wissenschaft. Frankfurt/M.: Suhrkamp

Heintz, Eva Nadai/Fischer, Regula/Ummel, Hannes (1997) Ungleich unter Gleichen: Studien zur geschlechtsspezifischen Segregation des Arbeitsmarktes. Frankfurt/M.: Campus

HRK (2019): Gleichstellung. Online: https://www.hrk.de/themen/ hochschulsystem/gleichstellung/

Hurrelmann, Klaus/Schultz, Tanjev (Hrsg., 2012): Jungen als Bildungsverlierer. Brauchen wir eine Männerquote in Kitas und Schulen? Weinheim & Basel: Beltz Juventa

Kanter, Rosabeth Moss (1977): Men and Women of the Corporation. Basic Books, New York 1977

Kotthoff, Hermann (2006): Wer bekommt den Kassenschlüssel hinter der Grenze? Vertrauensbeziehungen im globalisierten Konzern. In: Mense-Petermann, U.; Wagner, G. (Hg.): Transnationale Konzerne - Ein neuer Organisationstyp? Wiesbaden: VS Verlag, S. 279-299

Merkur (2019): Annegret Kramp-Karrenbauer. Online https://www.merkur.de/politik/annegret-kramp-karrenbauer-im-portraet-ehemann-kinder-lebenslauf-zr-10550758.html

Müller-Benedict, Volker (2015): Bildung und Wissenschaft. In: Thomas Rahlf (Hg.), Deutschland in Daten. Zeitreihen zur Historischen Statistik, Bonn, S. 60-73

News (2019): Annegret kramp-Karrenbauer privat. Online: http://www.news.de/politik/855661367/annegret-kramp-karrenbauer-privat-mit-ehemann-helmut-karrenbauer-kinder-familie-verteidigungsministerin-lebenslauf-von-akk/1/

Nordmeyer, Karin (2018): Möglichkeiten zur Durchsetzung der Gleichstellung der Geschlechter im Rahmen der Vereinten Nationen – Die Rolle von UN Women und der Blick auf Deutschland. In: Discussion Papers des Harriet Taylor Mill-Instituts 36, 12/2018, S. 3-13

Odgers Berndtson (2018): Manager-Barometer 2017/18. Online: https://www.odgersberndtson.com/media/5652/ob_manager_barometer_2017.pdf

Pfahl, Svenja/Reuyß, Stefan (2009): Das neue Elterngeld. Erfahrungen und betriebliche Nutzungsbedingungen von Vätern. Edition Hans-Böckler-Stiftung 239, Düsseldorf

Poelchau, Nina (2006): Die Mutter der Nation. In: Süddeutsche Magazin, Heft 4, 9.5.2006, online: https://sz-magazin.sueddeutsche.de/frauen/die-mutter-der-nation-73073

Rubin, Gayle (1997, zuerst 1975): „The Traffic in Women. Notes on the ‚Political Economy' of Sex". In: Linda Nicholson (Ed.): The Second Wave. A Reader in Feminist Theory, New York/London 1997, pp. S. 27-62

Statistisches Bundesamt (2017): Kinderlosigkeit in Deutschland ist nicht weiter gestiegen. Online:https://www.destatis.de/DE/Presse/Pressemitteilungen/2017/07/PD17_254_122.html

Statistisches Bundesamt (2018a): Bildung und Kultur - Personal an Hochschulen 2017. Fachserie 11, Reihe 4.4., 2017

Statistisches Bundesamt (2018b): Frauenanteile an Hochschulen, Online: https://de-statista-com.ezproxy.hwr-berlin.de/statistik/daten/studie/249318/ umfrage/frauenanteile-an-hochschulen-in-deutschland

Statistisches Bundesamt (2019): Habilitationen: Deutschland, Jahre, Geschlecht, Fächergruppen. Online: https://www-genesis.destatis.de/online/logon?sequenz= tabelleErgebnis&selectionname=21351-0001

Steinberg, Ronnie J. (1992): Gendered Instructions: Cultural Lag and Gender Bias in the Hay System of Job Evaluation. In: Work and Occupations, Vol 19, Issue (4), pp. 387–423

Sveinsson, Gunnar Bragi (2015): Women in Leadership, in: The Guardian, https://www.theguardian.com/women-in-leadership/2015/jun/01/heforshe-domen-in-iceland-lead-the-way

Universität Heidelberg (2000): Presse: Unispiegel, April/Mai 2000, online: https://www.uni-heidelberg.de/presse/unispiegel/april2000/frauen.html

UN Women Deutschland (o.J.): He for She. https://www.unwomen.de/helfen/heforshe-pin.html

Urwin, Jack (2017): Boys Don't Cry – Identität, Gefühl und Männlichkeit. Hamburg: Nautilus

Vogt, Ann-Cathrin/Pull, Kerstin (2010): Warum Väter ihre Erwerbstätigkeit (nicht) unterbrechen: Mikroökonomische versus in der Persönlichkeit des Vaters begründete Determinanten der Inanspruchnahme von Elternzeit durch Väter. In: Zeitschrift für Personalforschung (ZfP), Jg. 24, Heft 1, S. 48-68

von Brentano, Margherita (2010, zuerst 1963): Die Situation der Frauen und das Bild "der Frau" an der Universität. In: McLaughli, Peter (Hrsg.): Margherita von Brentano. Akademische Schriften. Göttingen: Wallstein, S. 132-154

Watson, Emma (2014): HeForShe Campaign 2014 - Official UN Video. Online: https://www.youtube.com/watch?v=gkjW9PZBRfk

Weichselbaumer, Doris (2017): Discrimination against migrants in Austria. An experimental study. In: German Economic Review, Vol. 18, Nr. 2, pp. 237-265

Wetterer, Angelika (1992, Hg.): Profession und Geschlecht. Über die Marginalität von Frauen in hochqualifizierten Berufen. Frankfurt/M.: Campus

Wetterer, Angelika (2002): Arbeitsteilung und Geschlechterkonstruktion. „Gender at Work" in theoretischer und historischer Perspektive. Konstanz: UVK

Willms-Herget, Angelika (1985): Frauenarbeit. Zur Integration von Frauen in den Arbeitsmarkt. Frankfurt/M.: Campus

Wimbauer, Christine/Spura, Anke/Motakef, Mona/Gottwald, Markus/Walther, Katja: Anerkennung (m), Anerkennung (w) - Geschlechterungleichheit in Doppelkarriere-Paaren. In: WZB-Mitteilungen Nr. 129, September 2010, S. 28-30

Wippermann, Carsten (2010): Frauen in Führungspositionen. Barrieren und Brücken, im Auftrag des BMFSFJ, Heidelberg

Wippermann, Carsten (2016): Männer-Perspektiven auf dem Weg zu mehr Gleichstellung, im Auftrag des BMFSFJ, Penzberg

Wobbe, Theresa (1997): Wahlverwandtschaften. Die Soziologie und die Frauen auf dem Weg zur Wissenschaft. Frankfurt a. Main: Campus

Yildiz, Özlem (2017): Migrantisch, weiblich, prekär?: Über prekäre Selbständigkeiten in der Berliner Friseurbranche. Bielefeld: Transcript

➢ Zur Autorin: *Prof. Dr. Claudia Gather* ist Professorin für Sozialwissenschaften mit dem Schwerpunkt Wirtschaft und Geschlechterverhältnisse an der Hochschule für Wirtschaft und Recht Berlin und Direktorin des 2001 gegründeten Harriet Taylor Mill-Instituts für Ökonomie und Geschlechterforschung an der Hochschule für Wirtschaft und Recht Berlin.

Haben Hochschulen des öffentlichen Dienstes einen Erziehungsauftrag?

Benjamin Limbach

Fachhochschule für Rechtspflege Nordrhein-Westfalen

Vorbemerkung

Über die Verwendung des Begriffs Erziehung kann man trefflich diskutieren, vor allem, wenn man ihn in Bezug auf Studierende - sprich in der Regel Erwachsene - benutzt. Man kann natürlich auch von Wertevermittlung oder Anleiten zur Regeleinhaltung sprechen. Aber egal, welchen Begriff man wählt, im Ergebnis geht es um „Handlungen (...), durch die Menschen versuchen, das Gefüge der psychischen Dispositionen anderer Menschen in irgendeiner Hinsicht dauerhaft zu verbessern oder seine als wertvoll beurteilten Bestandteile zu erhalten oder die Entstehung von Dispositionen, die als schlecht bewertet werden, zu verhüten", so die Definition des Begriffs Erziehung durch den Erziehungswissenschaftler Wolfgang Brezinka.[1] Ich habe mich der Klarheit wegen dafür entschieden, diesen Ausdruck im folgenden Text zu verwenden, zumal ich persönlich Erziehung nicht als etwas per se Negatives, sondern in ihrer Zielsetzung und Wirkung als etwas zutiefst Positives verstehe.

1 Erziehungsbedürftigkeit/-manko

Wieso sollten an Hochschulen des öffentlichen Dienstes tätige Personen überhaupt einen Erziehungsauftrag haben? Besteht überhaupt ein Bedürfnis für Erziehung, sprich pädagogische Maßnahmen? Warum ist dieses Thema aktuell? Fangen wir wie üblich mit einem Zitat an:

---

1 Wolfgang Brezinka: *Grundbegriffe der Erziehungswissenschaft*, 5. Auflage, Ernst Reinhardt Verlag, München 1990, S. 95 (zitiert nach Wikipedia, Eintrag "Erziehung").

„Die Jugend liebt heutzutage den Luxus. Sie hat schlechte Manieren, verachtet die Autorität, hat keinen Respekt vor den älteren Leuten und schwatzt, wo sie arbeiten sollte. Die jungen Leute stehen nicht mehr auf, wenn Ältere das Zimmer betreten. Sie widersprechen ihren Eltern, schwadronieren in der Gesellschaft, verschlingen bei Tisch die Süßspeisen, legen die Beine übereinander und tyrannisieren ihre Lehrer."

Dieses Zitat mag sehr aktuell anmuten, aber es stammt von Sokrates (*um 469 v. Chr. +399 v. Chr.), einem antiken Philosophen, aber an dieser Stelle noch wichtiger: einem passionierten Pädagogen.

Die Erfahrungen aus dem Hochschulalltag bestätigen die Aktualität dieses Zitats. In Lehrveranstaltungen kommt es vor, dass Mützen oder Kapuzen getragen werden. Auch die Jogginghose oder Sportleggings werden - trotz des Verdikts des verstorbenen Karl Lagerfelds („Wer eine Jogginghose trägt, hat die Kontrolle über sein Leben verloren") - immer wieder mal gerne getragen. An das Trinken in Lehrveranstaltungen haben wir uns gewöhnt, schließlich haben wir selber als Eltern stets dafür gesorgt, dass unsere Kinder jederzeit etwas zu trinken dabei haben. Wir erleben aber auch, dass in Lehrveranstaltungen gegessen wird. Eine Kollegin einer anderen Hochschule schilderte mir als bisher extremstes Beispiel das Mitbringen einer Currywurst mit Pommes Frites in den Hörsaal.

Auch den Niedergang allgemeiner Umgangsformen wie das Grüßen auf dem Gang oder beim Betreten von Hörsälen oder Büroräumen kann man immer wieder konstatieren. Einher geht solch ein Verhalten interessanterweise mit einem gesteigerten Anspruchsdenken bezüglich weiterer Aufgaben von Dozentinnen und Dozenten bzw. der Verwaltung wie z. Bsp. die Zurverfügungstellung von Skripten und weiterem Lehrmaterials.

Bei allem will ich aber nicht verallgemeinern, also nicht von den Studierenden als Gesamtheit sprechen. Vielmehr sind es immer einzelne Studierende, die mir oder anderen Dozentinnen und Dozenten aufgefallen sind. Insgesamt aber habe ich in den Jahren, in denen ich an unserer Hochschule tätig bin, immer wieder bei Einzelnen ein Erziehungsmanko feststellen dürfen.

2 Erziehungsfähigkeit

Nun haben wir es anders als Schulen an unseren Hochschulen nicht mit minderjährigen Schülern, sondern nahezu ausschließlich mit in rechtlicher Hinsicht erwachsenen Studierenden zu tun. Daher stellt sich die Frage, ob eine Erziehung in diesem Alter überhaupt noch möglich ist.

Ich möchte diese Überlegung wieder mit einem Zitat beginnen, das ich in meinen ersten Wochen im Griechisch-Unterricht auswendig lernen musste:

Γύμναζε παίδας, άνδρας ου γάρ γυμνάσεις.

„Erziehe Knaben, denn Männer wirst Du nicht erziehen können."

Bereits die Griechen, also quasi die Entwickler der Pädagogik, gingen nur von einem begrenzten Zeitabschnitt aus, in dem eine Erziehung auf fruchtbaren Boden stößt. Diese Phase nennen wir heute Adoleszenz. Alle, die selber Väter und Mütter sind, wissen zwei unumstößliche Wahrheiten: Zum einen endet die Adoleszenz nicht schlagartig an einem bestimmten Datum, sei es der 18. oder 21. Geburtstag. Zum anderen entwickelt sich jeder junge Mensch in seinem ganz eigenen Tempo, Verallgemeinerungen verbieten sich daher.

Die aktuelle Adoleszenz-Forschung geht mittlerweile davon aus, dass junge Menschen nicht mit 18, sondern erst mit 25 Jahren erwachsen sind.[2] Hauptgrund soll nach den Forschungsergebnissen sein, dass die Entwicklung des präfrontalen Kortex, der wichtig für soziale Entscheidungsprozesse und die Ich-Entwicklung ist, erst im Alter von 24, 25 Jahren abgeschlossen ist. Wenn man sich das Durchschnittsalter unserer Studierenden anschaut, haben wir es also überwiegend mit noch nicht ausgereiften, und damit noch nicht erwachsenen Personen zu tun.

Das eingangs geschilderte Zitat ist dennoch nicht falsch, man muss es im Licht der aktuellen Forschung nur richtig - und zugleich gendergerecht – „übersetzen":

„Erziehe junge Menschen, denn Erwachsene wirst du nicht erziehen können."

---

2   Vgl. Camares Amonat in der Zeitung Welt vom 22.03.2018.

3 Erziehungsauftrag der Hochschulen des öffentlichen Dienstes

Aber kann es die Aufgabe einer Hochschule zu sein, neben der Lehre als ureigenstem Auftrag von Hochschulen auch erzieherisch tätig zu werden? An dieser Stelle muss ich den Titel im Programm korrigieren bzw. ergänzen. Wenn ich von Hochschulen spreche, beziehe ich mich ausschließlich auf die Hochschulen des öffentlichen Dienstes. Diese unterscheiden sich in einem für mich entscheidenden Punkt von anderen Hochschulen. Denn an unseren Hochschulen wird nicht nur ein Studienfach gelehrt, sondern es ist auch unser Auftrag, die Studierenden auf einen konkreten Beruf vorzubereiten. So heißt es (auszugsweise) in § 2 Rechtspflegerausbildungsordnung[3]:

§ 2 Rechtspflegerausbildungsordnung vom 19.05.2003

(1) Die Rechtspflegerausbildung soll zur **Berufsfähigkeit und Berufsfertigkeit** führen. Sie soll Rechtspflegerinnen und Rechtspfleger heranbilden, die **nach ihrer Persönlichkeit** und nach ihren allgemeinen Kenntnissen und Fähigkeiten in der Lage sind, selbstständig (…) mit sozialem und wirtschaftlichem Verständnis Lebenssachverhalte zu erfassen (…) [und] sachgerechte Entscheidungen zu treffen (…).

(2) Die Rechtspflegerausbildung vermittelt (…) neben der beruflichen Grundbildung in dem jeweils erforderlichen Umfange wissenschaftliche Erkenntnisse und Methoden sowie berufspraktische Kenntnisse und Fertigkeiten (…). **Die Fähigkeit zum problemorientierten und methodischen Denken und Handeln ist ebenso zu fördern wie die allgemeinen beruflichen Fähigkeiten, insbesondere zur Kommunikation und Zusammenarbeit, zur kritischen Überprüfung des eigenen Verhaltens sowie zum selbstständigen und wirtschaftlichen Handeln.**

(3) Die Rechtspflegeranwärterinnen und Rechtspflegeranwärter werden so ausgebildet, **dass sie sich der freiheitlichen demokratischen Grundordnung unseres Staates**

---

3 Entsprechendes ergibt sich beispielsweise auch aus § 1 Steuerbeamtenausbildungs- und -prüfungsordnung (StBAPO).

verpflichtet fühlen und ihren künftigen Beruf **als Dienst an den Bürgerinnen und Bürgern sowie für das allgemeine Wohl auffassen.** In der Ausbildung wird darauf hingewirkt, dass diese Einstellung sich auch in der Arbeitsweise, insbesondere im Umgang mit dem rechtsuchenden Publikum, niederschlägt. [...]

Während der Auftrag an die Hochschulen des öffentlichen Dienstes bezogen auf die Lehre enger gefasst ist als das humboldtsche Ideal des universitären Studiums, indem er die Wissensvermittlung auf die Anforderungen für den konkreten Beruf beschränkt, ist der Auftrag bezogen auf die Persönlichkeitsbildung deutlich weiter gefasst als bei den Universitäten.

Diese starke Bezogenheit des Studiums auf den späteren Beruf zeigt sich auch in dem gegenüber Studierenden an allgemeinen Hochschulen anderen Status. Unsere Studierenden sind nämlich vom ersten Tag an Beamtenanwärterinnen und Beamtenanwärter. Unsere Ausbildungsordnung benennt ausdrücklich „die allgemeinen beruflichen Fähigkeiten, insbesondere zur Kommunikation und Zusammenarbeit, zur kritischen Überprüfung des eigenen Verhaltens sowie zum selbständigen und wirtschaftlichen Handeln". Dieser Auftrag zur Persönlichkeitsbildung zukünftiger Staatsdiener kann nicht allein durch Wissensvermittlung in Form reiner Lehre erfüllt werden, sondern verlangt von den am Studium Beteiligten mehr.

Nun könnte man einwenden, dass dieser pädagogische Auftrag nicht Aufgabe der Hochschulen ist. Schließlich handelt es sich bei den Studiengängen an unseren Hochschulen um duale Studiengänge. Läge es also nicht nahe, diesen Auftrag den Einrichtungen zuzuweisen, die für die fachpraktischen Abschnitte des Studiums zuständig sind? Dies würde eine Teilung des Studiums dergestalt zur Folge haben, dass die Hochschulen für die reine Wissensvermittlung und die Fachpraxis für die Anwendung derselben in der Praxis sowie für die Persönlichkeitsbildung zuständig wären.

Hier lohnt sich wieder ein Blick in die zugrundeliegenden Rechtsnormen. Eine solche Trennung sieht die Rechtspflegerausbildungsordnung nicht vor. Vielmehr steht die zitierte Regelung am Anfang der Vorschrift und bezieht sich damit meines Erachtens eindeutig auf das gesamte Studium an der Fachhochschule und in der Fachpraxis. Natürlich sind die fachpraktischen Abschnitte des Studiums für die Persönlichkeitsentwicklung und die Berufsfertigkeit von besonderer Wichtigkeit. Aber diese Aufgaben darf man in den fachtheoretischen Abschnitten an den Fachhochschulen nicht ignorieren. Nicht umsonst legen viele Hochschulen für den öffentlichen Dienst Wert darauf, dass ein großer Teil der Dozentinnen und Dozenten aus der jeweiligen Fachpraxis stammt. Dies dient nicht nur der Praxisorientierung der Lehre, sondern soll die Studierenden umfassend auf den zukünftigen Beruf vorbereiten - umfassend im Sinne von Wissensvermittlung und Persönlichkeitsentwicklung. Zumal sich zu Recht die Frage stellen lässt, ob sich Lehre und Erziehung überhaupt voneinander trennen lassen.

Es geht beim Thema Erziehung auch nicht allein um die Einhaltung einer Hausordnung oder allgemeiner Umgangsformen. Der Erziehungsauftrag ist weiter zu verstehen. Gefordert ist auch eine innere Haltung der Studierenden, wenn nach § 2 Abs. 3 Rechtspflegerausbildungsordnung die Rechtspflegeranwärterinnen und Rechtspflegeranwärter so ausgebildet werden sollen, dass sie sich der freiheitlichen demokratischen Grundordnung unseres Staates verpflichtet fühlen. Die Studierenden sollen nicht nur gute Rechtsanwender, sondern auch den grundgesetzlichen Verfassungsprinzipien verpflichtete Staatsdiener werden. Das heißt, Erziehung im Sinne dieser Vorschrift soll auch Wertevermittlung sein. Erziehung ist also Teil der Bildung. Es kann ebenso nicht um eine bloße Konditionierung auf Regeleinhaltung gehen. Im Lichte der Art. 4 und 5 des Grundgesetzes sind die Studierenden zu mündigen, und das heißt natürlich auch zu kritischen Staatsbürgern zu erziehen.

An dieser Stelle gilt es auch, eine weitere Besonderheit des Studiums an Hochschulen für den öffentlichen Dienst in den Blick zu nehmen. Andere Hochschulen und Universitäten, die nicht für einen konkreten Beruf ausbilden bzw. kein duales Studium anbieten, haben im Wesentlichen einen „Kunden", an den sie sich richten: Die Studierenden. Die Hochschulen für den öffentlichen Dienst haben hingegen zwei Kunden: Die Studierenden und die zukünftigen Anstellungsbehörden. In vielen dieser Studiengänge suchen nicht die Hochschulen die Studierenden aus, sondern bekommen sie von den Einstellungsbehörden, die meist zugleich die zukünftigen Anstellungsbehörden sind, zugewiesen. Das heißt, die Hochschulen sind nicht nur den Studierenden gegenüber verpflichtet, auf den konkreten Beruf hin zu lehren, sondern sie sind auch den Behörden, die die Studierenden entsenden, gegenüber verpflichtet, die Studierenden zur Berufsfähigkeit und Berufsfertigkeit zu führen.

Und den zukünftigen Arbeitgebern bzw. Dienstherren wäre wenig gedient, würde sich das Studium auf die reine Vermittlung der Lehre beschränken. Denn wie die oben zitierte Vorschrift aufzeigt, sollen zukünftige Beamtinnen und Beamte mehr können, als nur - um beim Beispiel der Rechtspflegerinnen und Rechtspfleger zu bleiben - Gesetze anzuwenden. Sie müssen auch dazu befähigt werden, mit Kolleginnen und Kollegen zusammenarbeiten und dem Bürger gegenüber kommunikativ und korrekt aufzutreten. Wir müssen uns auch als Hochschulen immer wieder vergegenwärtigen, dass wir unsere Studierenden darauf vorbereiten, als Beamte in Gerichten, Staatsanwaltschaften, Justizvollzugsanstalten und allen anderen Behörden zu arbeiten, also gegenüber den Bürgerinnen und Bürgern den Staat zu vertreten. Hierzu gehört mehr als die Kenntnis der Rechtsordnung, hierzu gehören auch eine positive Einstellung zu unserem Grundgesetz, eine bürgerfreundliche Einstellung und ein entsprechendes Auftreten und auch die Fähigkeiten sich in größeren organisatorischen Einheiten als Kollegin bzw. Kollege sicher zu bewegen, kollegial miteinander umzugehen und gewinnbringend tätig zu werden.

4 Wer übt den Erziehungsauftrag aus?

An einer Hochschule arbeiten im Zweifel sehr viele Personen mit unterschiedlichsten Rollen: Professorin, Dozent, Dekan bzw. Fachbereichssprecherin, Kanzlerin bzw. Geschäftsleiter, Direktor bzw. Präsidentin etc. Wer den Auftrag zur Lehre hat, bedarf keiner weiteren Überlegung: Dieser ist den Professorinnen, Professoren, Dozentinnen und Dozenten übertragen. Wer nun aber hat den Auftrag zur Persönlichkeitsentwicklung, wer darf und soll erzieherisch tätig werden?

Einfach ist diese Frage in Bezug auf die Leitung der Hochschule zu klären. Der Direktor bzw. die Präsidentin ist an den meisten Hochschulen des öffentlichen Dienstes auch Dienstvorgesetzte*r der Studierenden. Die Leitung - und das umfasst auch die Verwaltungsleitung - hat damit ganz klar auch die Zuständigkeit für erzieherische Maßnahmen.

Gilt das aber auch für Dozentinnen und Dozenten? Je nach Größe der Hochschule begegnet die Leitung der Hochschule oder des Fachbereichs den Studierenden selten bis gar nicht im Studienverlauf, insbesondere zum

Beispiel bei Hochschulen mit mehreren Standorten. Die Leitung ist sicher berufen, wenn es um Erziehungsfragen über die konkrete Situation in einer Lehrveranstaltung hinausgeht, also zum Beispiel dauerhaftes regelwidriges Verhalten, negative gruppendynamische Prozesse in einer Studiengruppe/einem Studienjahrgang oder bei Fehlverhalten außerhalb der Lehrveranstaltungen, wie z. Bsp. bei Freizeitaktivitäten auf dem Hochschulgelände oder auf Feten und ähnlichen Festivitäten.

In anderen Fällen von Fehlverhalten haben diese aber einen konkreten und möglicherweise ausschließlichen Zusammenhang mit einer Lehrveranstaltung. Nehmen wir beispielsweise das Tragen von Mützen oder Kapuzen, aber ebenso gravierende Fälle wie Beleidigungen gegenüber anderen Studierenden. Hier kann in diesem Moment nur die Dozentin bzw. der Dozent Adressat des Erziehungsauftrags sein. Auf ein Fehlverhalten kann in diesem Fall - wenn es nicht nur Ausdruck eines über die konkrete Lehrveranstaltung hinausgehenden Fehlverhaltens ist - nur sie bzw. er erzieherisch reagieren.

Was ist aber, wenn ich gar nicht erziehen will? Kann ich mich dem Erziehungsauftrag verweigern bzw. ihn ignorieren? Kann ich mich auf die reine Lehre beschränken? Die Dozentin bzw. der Dozent sind keine Vorgesetzten im rechtlichen Sinne. Sie bzw. er begegnet als Lehrende*r den Studierenden aber schon allein faktisch in einem Über-/Unterordnungsverhältnis, indem er/sie Zensuren für Klausuren, Hausarbeiten, Testate, mündliche Mitarbeit und/oder mündliche Prüfungen erteilt, die für den Studienerfolg mitentscheidend sind.

In einem solchen Verhältnis setzt die/der Übergeordnete automatisch – auch ohne es zu wollen – Normen. Er wirkt normierend, und zwar über den Unterrichtsstoff hinaus. Gebietet er einer/einem Studierenden, die Mütze abzusetzen, stellt sie/er damit automatisch eine Norm auf. So wie es, sobald zwei Menschen sich in einem Raum aufhalten, keine Nichtkommunikation geben kann – auch Schweigen ist eine Form der Kommunikation mit der Aussage: „Ich will nicht mit Dir reden." –, so gibt es auch keine Nichtnormierung im Über-/Unterordnungsverhältnis. Ignoriert die/der Dozent*in in obigem Beispiel die Mütze, setzt sie/er die Norm, dass in seiner Lehrveranstaltung Mützen getragen werden dürfen. Lässt sie/er Beleidigungen oder herabsetzende Äußerungen gegenüber anderen unkommentiert, macht sie/er – ob willentlich oder nicht – nach außen hin deutlich, dass so ein Verhalten in ihrer/seiner Lehrveranstaltung zulässig ist.

Als Erkenntnis bleibt festzuhalten: Ob wir wollen oder nicht, ob es uns bewusst ist oder nicht, in jeder Lehrveranstaltung erziehen wir, sei es durch eine aktive erzieherische Intervention oder durch Schweigen. Schweigen mag rechtlich gesehen zumeist keinen Erklärungsinhalt haben, im Verhältnis Dozent*in - Studierende*r hat es ihn durchaus.

Ein weiterer Gesichtspunkt kommt hinzu: Die Dozentinnen und Dozenten haben eine Verantwortung gegenüber allen Studierenden in ihren Lehrveranstaltungen. Und dazu gehört es auch, sie z. Bsp. vor Mobbing durch andere Studierende zu schützen. Das Intervenieren gegen ein Mobbing oder herabsetzende Äußerungen verdeutlich gegenüber allen Studierenden, wofür wir alle an den Hochschulen des öffentlichen Dienstes stehen, nämlich die freiheitlich demokratische Grundordnung und die Geltung der Grundrechte. Vergessen wir auch nicht, dass Erziehung Vorbildhaftigkeit beinhaltet.

Wenn wir also als Dozentinnen und Dozenten eine Verantwortung für die Persönlichkeitsentwicklung unserer Studierenden haben und wenn wir erzieherisch wirken unabhängig davon, ob wir das wollen oder nicht, dann bleibt uns eigentlich nichts anderes übrig, als diese Aufgabe anzunehmen und sie auch bestmöglich zu erledigen.

Als Dozentinnen und Dozenten profitieren wir auch von unserer eigenen Arbeit. Beenden wir das störende Quatschen in den hinteren Reihen, müssen wir nicht so laut reden. Verbieten wir die Nutzung von Smartphones, haben wir aufmerksamere Studierende, und müssen nicht alles mehrfach erklären. Unterbinden wir ein Dazwischenreden ohne Wortmeldung, erleichtert das die Führung des Lehrgesprächs ungemein.

5 Erziehungsstil

Müssen wir dann nicht Rahmenbedingungen für eine einheitliche Erziehung setzen? Nur, soweit es grundlegende Prinzipien angeht. Sie sind häufig in Hausordnungen in zumeist sehr allgemeiner Form niedergelegt. Ansonsten müssen die Studierenden - nicht anders als Schüler - mit unterschiedlichen Erziehungsstilen und unterschiedlichen Normen leben. Anders ist das Leben in den späteren Einsatzbehörden auch nicht, jeder Vorgesetzte hat eigene Macken oder Vorlieben. Der eine besteht auf Krawatten bei bestimmten Anlässen, der andere toleriert im Sommer kurze Hosen bei Publikumskontakt.

Das heißt, jede Dozentin bzw. jeder Dozent muss auch für sich klären, welche Regeln gelten in ihrem bzw. seinem Unterricht, welche nicht. Es hilft, sich bei erfahrenen Kolleginnen und Kollegen oder der Hochschulleitung zu erkundigen, was common sense ist. Aber auch dann muss jeder mit sich selber ausmachen, welche Erwartungen sie bzw. er an das Verhalten der Studierenden hat. Regeln für die Lehrveranstaltungen können mit den Studierenden zu Beginn besprochen und diskutiert werden, Entscheiderin bzw. Entscheider über die Gültigkeit ist jedoch letztendlich die Dozentin bzw. der Dozent.

Zwei letzte Gesichtspunkte: Wir tun den Studierenden zudem etwas eminent Gutes. Ist es doch viel besser, sich negative Eigenheiten im geschützten Umfeld der Hochschule, die man anschließend für immer verlässt, abzugewöhnen, als gleich in einer neuen Behörde negativ aufzufallen mit all den möglichen Spätfolgen. Und: Erziehung macht Spaß! Wir beeinflussen auch damit junge Menschen und bereiten sie auf das Berufsleben vor. Wir können außerdem nicht selten ziemlich unmittelbar die Folgen unserer erzieherischen Tätigkeit im Benehmen der Studierenden sehen. Auch das ist erfolgreiche Dozententätigkeit.

6 Fazit

Wir Lehrenden stellen eine Erziehungsbedürftigkeit fest und dürfen der Wissenschaft vertrauen, dass wir bei unseren Studierenden auf eine Erziehungsfähigkeit treffen. Den Auftrag, Persönlichkeiten heranzubilden, die über allgemeine berufliche Fähigkeiten auf dem Gebiet der Kommunikation und des Zusammenarbeitens verfügen, stellt uns außerdem das Gesetz im Bereich der Studiengänge für Beamte. Und es hilft alles nichts: Wir können uns dieser Aufgabe auch faktisch nicht verweigern. Denn ob wir wollen oder nicht: Wir erziehen unsere Studierenden schon längst. Dann sollten wir uns auch dazu bekennen und es richtig machen.

> ➢ Zur Autorin: *Dr. Benjamin Limbach* ist Direktor der Fachhochschule für Rechtspflege Nordrhein-Westfalen und Leiter des Ausbildungszentrums der Justiz Nordrhein-Westfalen.

Ein kurzer Ausblick

Erik Kraatz

Hochschule für Wirtschaft und Recht Berlin

Bereits bei der letzten Jubiläumstagung – dem 25. Glienicker Gespräch im Jahre 2014 – warf der langjährige Tagungsleiter Herr Prof. Hans Paul Prümm einen Ausblick darauf, mit welchen Themen sich die Glienicker Gespräche in den nächsten Jahren beschäftigen sollten.[1] 5 Jahre sind nun vergangen. Es sei daher ein kurzer Blick darauf geworfen, ob die Glienicker Gespräche diese Erwartungen erfüllen konnten und welche drängenden Fragen noch vor uns stehen.

Drei große Themenkomplexe hatte der Kollege Prümm als drängende Fragen ausgemacht: Internationalisierung, Vernetzung, Aus-, Fort- und Weiterbildung.

1 Internationalisierung

Der Wissenschaftsrat bezeichnete 2018 die Internationalisierung als „ein zentrales Mittel zur Sicherstellung und Erhöhung der Qualität von Forschung und Lehre"[2]. Allein die Hochschule für Wirtschaft und Recht Berlin verfügt über 179 internationale Partnerhochschulen, darunter für den Austausch auf verwaltungsbezogenen Feldern Hochschulen in China, Frankreich, Georgien, Indien, Indonesien, Island, Litauen oder den Niederlanden.[3] Diese ermöglichen nicht nur eine attraktive Studierenden- und

---

1 *Prümm*, 25 Glienicker Gespräche – Rück und Vorschau, in: Lück-Schneider/Kraatz (Hrsg.), Kompetenzen für ein zeitgemäßes Public Management, Herausforderungen für Forschung und Lehre aus interdisziplinärer Sicht, Zum 25. Jubiläum der Glienicker Gespräche, edition sigma 2014, S. 285 (290 ff.).

2 Drs. 7118-18, S. 5.

3 Eine ausführliche Auflistung findet sich unter https://www.hwr-berlin.de/kooperationen/internationale-partnerhochschulen/, zuletzt aufgerufen am 05.10.2019.

Dozentenmobilität, sondern bieten auch Chancen für einen wissenschaftlichen Austausch über den Tellerrand hinaus bis hin zu übergreifenden Forschungsvorhaben. Bereits 1993 beschäftigte sich das 7. Glienicker Gespräch mit der „Internationalisierung in Ausbildung und anwendungsbezogener Forschung"[4], weitere Betrachtungen könnten mehr als interessant sein. Vielleicht wird unser Workshop 2 – Aktuelle Fragen der Forschung an Hochschulen für den öffentlichen Dienst dies aufgreifen.

2 Vernetzung

Bereits 2007 beschäftigte sich das 18. Glienicker Gespräch mit dem Thema „Hochschulen in vernetzter Verantwortung"[5]. Damalige Forderungen, die einzelnen MPA- Studiengänge (Master Public Administration) und MPM-Studiengänge (Master Public Management) miteinander zu vernetzen, blieben jedoch folgenlos. Mit dem auf dem diesjährigen Glienicker Gespräch erfolgten Vortrag von Frau Dr. Britta Schumacher haben wir das Thema – wenn auch nicht als eigenes Tagungshauptthema – so aber doch als Teil des Aufgabenfeldes einer Hochschule für den öffentlichen Dienst in den Fokus gerückt.

3 Aus-, Fort- und Weiterbildung

Die Ausbildung als Kernsäule des hochschulischen Tätigkeitsfeldes war bereits zahlreiche Male Gegenstand der Glienicker Gespräche: 1992 (Zukunftsaspekte der Verwaltungsausbildung[6]), 2000 (Modernisierung durch

---

4 Vgl. hierzu den Tagungsband Heinrich/Strohbusch (Hrsg.), Internationalisierung in Ausbildung und anwendungsbezogener Forschung an Fachhochschulen für den öffentlichen Dienst, Beiträge aus dem FB1 Heft 35, FHVR 1994.

5 Vgl. hierzu den Tagungsband Prümm/Kirstein (Hrsg.), Hochschulen in vernetzter Verantwortung – die Rolle der FHöD, Beiträge der Hochschule Nr. 28, FHVR 2007.

6 Die Reden und Materialien sind enthalten in Bischoff/Reichard (Hrsg.), Vom Beamten zum Manager?, Hitit Verlag 1994.

Ausbildung[7]), 2001 (Leistungsorientierung in der Verwaltungsausbildung[8]), 2009 (Braucht die öffentliche Verwaltung eine eigene Ausbildung?[9]) und 2010 (Privatisierung der akademischen Ausbildung[10]). Doch Ausbildung ist mehr. Tagtäglich erleben wir Szenarien, wie sie der Kollege Dr. Limbach geschildert hat. Dem Senat der Hochschulrektorenkonferenz kann daher nur schwerlich widersprochen werden, wenn es in deren Eckpunktepapier „zur Rolle und zu den Herausforderungen des Hochschulsystems" von 2016, 2018 fortgeschrieben[11], heißt, dass neben der reinen Vermittlung wissenschaftlichen Fachwissens an der Persönlichkeitsbildung der Studierendenmitzuwirken sei (S. 1) und neben fachlichen Kompetenzen auch Schlüsselkompetenzen (wie die Fähigkeit zu sachlichem Argumentieren) zu vermitteln seien. Das 24. Glienicker Gespräch 2013 mit dem Thema „Verwaltungsethik"[12] und das 28. Glienicker Gespräch 2017 zur „Digitalisierung und der öffentlichen Verwaltung"[13] ha-

7   Vgl. hierzu den Tagungsband Bischoff (Hrsg.), Modernisierung durch Ausbildung – Innovation in Studiengängen für den öffentlichen Sektor, Reihe Verwaltung, Recht und Gesellschaft, Band 11, Hitit Verlag 2000.

8   Vgl. hierzu den Tagungsband Heinrich (Hrsg.), Leistungsorientierung in der Verwaltungsausbildung, Beiträge der Hochschule Nr. 19, FHVR 2001.

9   Vgl. hierzu den Tagungsband Prümm/Kirstein (Hrsg.), Braucht die öffentliche Verwaltung eine eigene Ausbildung?, Beiträge des FB3 – Nr. 01, HWR Berlin 2009.

10 Vgl. hierzu den Tagungsband Prümm/Kirstein (Hrsg.), Privatisierung der akademischen Ausbildung für die öffentliche Verwaltung, Beiträge aus dem FB Allgemeine Verwaltung – Nr. 05/2010, HWR Berlin 2010.

11 Abrufbar   unter   https://www.hrk.de/fileadmin/redaktion/hrk/02-Dokumente/02-01-Beschluesse/HRK_-_Eckpunkte_HS-System_2018.pdf, zuletzt aufgerufen am 05.10.2019.

12 Vgl.   hierzu   den   Tagungsband   Lück-Schneider/Kirstein   (Hrsg.), Verwaltungsethik – Selbstverständnis und Themenfelder in Lehre, Forschung und Praxis an den FHöD, Beiträge aus dem FB Allgemeine Verwaltung – Nr. 17/2013, HWR Berlin 2013.

13 Die Reden und Thesen sind abgedruckt in Lück-Schneider/Furtak, Die Digitalisierung in der öffentlichen Verwaltung und hieraus resultierende Veränderungen für die Praxis, Lehre und Forschung, Redebeiträge und

ben hierzu erste Beiträge geleistet, weitere Schlüsselkompetenzen wie insbesondere die in Zeiten der Fridays for Future-Bewegung und der Ausrufung eines Umweltnotstands in Vancouver, London, Basel und zuletzt in Konstanz ausgerufenen Klimanotstands allgegenwärtige Nachhaltigkeit und deren Berücksichtigung auch und gerade in der Ausbildung für den öffentlichen Dienst bedürfen näherer Diskussion in unserem Kreis. Dies betrifft auch die Form, sei es im Wege eigener Module, als integraler Bestandteil vielfältiger anderer Module oder in Form von Studium Generale- oder Vortragsreihen. Das Institut für Nachhaltigkeit der HWR Berlin wird etwa im Herbst wieder ein Nachhaltigkeitsforum veranstalten und sich hierbei um eine größtmögliche Einbindung der Studierenden bemühen; Thema wird voraussichtlich „Nachhaltigkeit zum Demokratieerhalt" lauten, als Hauptredner hat Robert Habeck zugesagt.[14]

Digitale Lehre wird in unserer heutigen digitalisierten Welt weiterhin „up to date" bleiben. Bereits auf dem 27. Glienicker Gespräch war zwar festgehalten worden, dass digitale Lehrinhalte und Lehrmethoden eine bloße, wenn auch wichtige Ergänzung des didaktischen Instrumentariums – wenn natürlich kein Ersatz – sein können, vermag doch insbesondere das Blende Learning Studierende auf einen einheitlichen Wissensstand zu bringen. Deren konkrete Umsetzung und das Handling der jeweiligen Probleme wird – so auch vom Fachbereich 3, der seit Sommersemester 2019 eine seiner Studiengruppen „Öffentliche Verwaltung" im Blended-Format unterrichtet – weiter zu beobachten bleiben.

4 Weitere Themen

Neben den vom Kollegen Prümm angesprochenen Gebieten sind in den letzten Jahren immer mehr Themen auf der Agenda erschienen, die sich für eine Diskussion im hiesigen Format eignen:

Thesen des 28. Glienicker Gesprächs, Verwaltung und Management Heft 5/2017.

14 Weitere Informationen hierzu finden Sie unter https://www.hwr-berlin.de/aktuelles/veranstaltungen/veranstaltung-detail/302-demokratie-und-nachhaltigkeit/, zuletzt abgerufen am 05.10.2019.

a) Nachwuchsförderung

In immer mehr Berufungskommissionen spürt man, wie die Bewerber/innen-Lage für neue Professuren dünner wird und man sich ohne Absenkung der Qualitätserwartungen immer mehr anstrengen muss, um geeignete Bewerber und insbesondere Bewerberinnen zu bekommen, die den Spagat zwischen wissenschaftlicher Promotion und außerhochschulischer Praxiserfahrungen auf sich genommen haben. Kommissionssitzungen, Nachausschreibungen und Gespräche fressen viel kostbare Arbeitszeit und umso frustrierender ist es, wenn immer mehr Verfahren ergebnislos abgebrochen werden müssen. Bund und Länder haben am 26.11.2018 eine Vereinbarung gemäß Art. 91b Abs. 1 des Grundgesetzes über ein Programm zur Förderung der Gewinnung und Entwicklung von professoralem Personal an Fachhochschulen geschlossen, die Bewerbungsfrist für eine Teilnahme am Programm wird demnächst zu laufen beginnen.[15] Inwieweit hierdurch geeignete Instrumentarien zur Verfügung gestellt werden, oder inwieweit die einzelnen Hochschulen selbst daneben weitere Maßnahmen werden ergreifen müssen, wird uns mit Sicherheit beschäftigen.

b) Lehrdeputatsabsenkung zugunsten der Forschung

Aktuell hat der Deutsche Hochschulverband eine Absenkung des Lehrdeputats an Universitäten von 9 auf acht Semesterwochenstunden gefordert, um eine angemessene Forschung sicherstellen zu können. „Wer zu viel lehr, steht angesichts konkurrierender Dienstaufgaben und der ausschlaggebenden Bedeutung von Publikationen und Drittmitteln in der ständigen Versuchen, bei Vor- und Nachbereitung universitärer Lehre zugunsten der Forschung Zeit umzuwidmen", so DHV-Präsident Prof. Kempen.[16] Ange-

---

15 Vgl. hierzu die Bekanntmachung der Richtlinie zur Förderung von Maßnahmen der Fachhochschulen zur Konzeptbildung nach Maßgabe von § 4 Absatz 1 der Vereinbarung zwischen Bund und Ländern zur Förderung der Gewinnung und Entwicklung von professoralem Personal an Fachhochschulen, Bundesanzeiger vom 07.06.2019, abrufbar unter https://www.bmbf.de/foerderungen/bekanntmachung-2478.html, zuletzt aufgerufen am 05.10.2019.

16 Pressemitteilung des Deutschen Hochschulverbandes vom 10.04.2019, abrufbar   unter

sichs des verstärkten Forschungsauftrages auch der Fachhochschulen stehen wir vor nicht minder geringen zeitlichen Herausforderungen, zwischen doppelt so viel Lehre, Selbstverwaltungsangelegenheiten und Abschlussarbeiten-betreuungen noch Zeit für eine Forschung zu finden, die im besten Fall mit der außerhochschulischen und universitären Forschung mithalten kann. Aufgrund gewachsenen Aufgabenspektrums wird man auch hier über Deputatsabsenkungen nachdenken müssen. Folgerichtig hat der Vorstand des Landesverbandes Niedersachsen im Hochschullehrerverbund hlb am 30.08.2019 gegen die Lehrverpflichtung der ProfessorInnen der Hochschulen für angewandte Wissenschaften bzw. Fachhochschulen in Höhe von 18 SWS einen Antrag auf Normenkontrolle beim OVG Lüneburg eingereicht, mit dem Ziel, eine Absenkung auf maximal 12 SWS zu erreichen.[17]

c) Promotionsrecht für Fachhochschulen

In den Bereich der Forschung hinein fällt auch die intensiv geführte Diskussion um ein Promotionsrecht für Fachhochschulen (gern verspottet als „Low Quality-Promotion"), wie die Diskussion gerade in Nordrhein-Westfalen geführt wird.[18] Ob ein eigenes Promotionsrecht oder eher allenfalls kooperative Promotionen mit Universitäten der richtige Weg ist, wird die Wissenschaftsdiskussion sicher weiter begleiten.

---

https://www.hochschulverband.de/pressemitteilung.html?&no_cache=1&tx_tt news%5Btt_news%5D=312&cHash=8e22eeb8a8bfb01db9aefd2cc1c77e67#_, zuletzt abgerufen am 05.10.2019; vgl. hierzu auch die Resolution des 69. Deutschen Hochschulverband(DHV)-Tages 2019 „zur Lehrverpflichtung von Wissenschaftlerinnen und Wissenschaftlern an Universitäten", abrufbar unter https://www.hochschulverband.de/uploads/media/Resolution_Lehrverpflichtu ng_an_Universitaeten_mit_Anlage_final.pdf, zuletzt abgerufen am 05.10.2019.

17 Vgl. hierzu die Pressemitteilung des hlb vom 30.08.2019, abrufbar unter https://hlb.de/fileadmin/hlb-global/downloads/presse/2019-08-30_PM_hlb_Niedersachsen_klagt_gegen_Lehrverpflichtung_von_18_SWS_a n_HAW.pdf, zuletzt abgerufen am 05.10.2019.

18 Vgl. hierzu nur den DHV-Newsletter 3/2019, abrufbar unter https://www.hochschulverband.de/1639.html#_, zuletzt aufgerufen am 05.10.2019.

Ich hoffe hiermit als Impuls ein kleines Bouquet aktueller wie künftiger Themen gegeben zu haben, auf deren Grundlage wir vielleicht noch kurz in großer Gruppe und dann vertiefend punktuell in den einzelnen Workshops weiterdiskutieren können. Die Diskussion ist eröffnet.

> Zum Autor: *Prof. Dr. Erik Kraatz* ist Professor für Strafrecht, Ordnungswidrigkeitenrecht und die rechtswissenschaftlichen Grundlagenfächer an der Hochschule für Wirtschaft und Recht Berlin und Beauftragter des Präsidenten für die Glienicker Gespräche seit dem 29. Glienicker Gespräch.

Thesen des 30. Glienicker Gesprächs 2019

Die folgenden Thesen wurden in den angebotenen drei Workshops der Veranstaltung erarbeitet, am letzten Veranstaltungstag im Plenum vorgestellt, diskutiert sowie in diesem Prozess teilweise noch leicht modifiziert oder ergänzt.

Workshop 1: „Die Aufgaben einer Hochschule für den öffentlichen Dienst in der Lehre"

Moderation: Prof. Dr. Erik Kraatz (HWR Berlin)

These 1: Die Lehre einer Hochschule für den öffentlichen Dienst sollte sowohl fachliche Kompetenzen als auch Schlüsselkompetenzen (inkl. Ethik und Nachhaltigkeit) vermitteln, zu denen auch das Wecken einer positiven Haltung und einer Begeisterung für die Erfüllung öffentlicher Aufgaben zählt, ohne die ein guter öffentlicher Dienst nicht funktionieren kann. Dies bedarf inspirierender Dozentinnen- und Dozentenpersönlichkeiten, denen seitens der Hochschule ein attraktives Arbeitsumfeld zur Verfügung zu stellen ist.

These 2: Studierende beginnen ihr Hochschulstudium mit unterschiedlich ausgeprägten Grundkompetenzen. Für ein erfolgreiches Studium ist jedoch eine Mindestausprägung von bestimmten Grundkompetenzen (insbesondere das genaue Lesen und Erfassen von Texten) unumgänglich.

These 3: Solange Studienanfängerinnen und -anfänger derartige Grundkompetenzen nicht in hinreichendem Umfang mitbringen, wird deren Vermittlung – wie heute schon – den Hochschulen aufgebürdet, um den Studierenden auf dieser Basis die studiengangspezifischen Kompetenzen vermitteln zu können.

These 4: Zu den zu vermittelnden Schlüsselkompetenzen zählen nicht nur die Kompetenz im angemessenen Medienumgang, sondern auch eine fachliche und berufliche Digitalisierungskompetenz (Vermittlung von Basiswissen in IT-Technik, Geschäftsprozessmanagement etc.).

These 5: Eine Digitalisierung der Lehre verlangt eine Digitalisierungsstrategie, um ihre spezifischen Stärken für die Lehre zu entfalten (etwa im Hinblick auf die Wiederholung von Einzelproblemen durch spezifische

Lehrfilme oder Aufgaben). Diese Strategie hat zu berücksichtigen, dass digitale Lehre eine analoge (Präsenz-)Lehre keinesfalls ersetzen kann und auch nicht soll. Auf einen sozialen Austausch zwischen Lehrenden und Studierenden im direkten persönlichen Kontakt sollte (auch unter Berücksichtigung der Vermittlung sozialer Schlüsselkompetenzen) nicht verzichtet werden.

These 6: Neben der digitalen Infrastruktur sind geeignete Lernprogramme anzuschaffen. Außerdem ist für eine hinreichende Personalausstattung zur Erstellung und Programmierung geeigneter Lerninstrumente und für eine Anrechenbarkeit auf die Lehrverpflichtung zu sorgen.

These 7: Der Einsatz digitaler Lernprogramme kann dazu beitragen, Prüfungsformen (z.B. E-Klausur) entsprechend der geänderten (digitalisierten) Praxiswirklichkeit sowie mit der Möglichkeit zu zeitnahem konstruktivem Feedback zu entwickeln.

These 8: Auch den Einstellungsbehörden kommt eine tragende Rolle bei der Sicherstellung des Erreichens der Kompetenzziele des Studiums zu. Daher ist die Verzahnung von Theorie und Praxis im Studium mit den Einstellungsbehörden explizit abzustimmen.

These 9: Eine Evaluierung (Absolventinnen- und Absolventenbefragung, Befragung der Einstellungsbehörden etc.) ist ein wichtiges Instrument zur professionellen Qualitätssicherung.

Workshop 2: „Aktuelle Fragen der Forschung an Hochschulen für den öffentlichen Dienst"

Moderation: Prof. Dr. Christian Erdmann (HWR Berlin)

These 1: Gute Lehre an Hochschulen muss forschungsbasiert sein.

These 2: Forschungsbasierte Lehre vermittelt die Kompetenzen, die im öffentlichen Dienst erforderlich sind, um die heutigen und zukünftigen Herausforderungen des gesellschaftlichen und technologischen Wandels bewältigen zu können.

These 3: Forschung an Hochschulen für den öffentlichen Dienst liefert einen Nutzen für die Verwaltungspraxis, weil diese Hochschulen eine große institutionelle Nähe zur öffentlichen Verwaltung und ihren Problem- und Interessenslagen haben. Ihre besondere Stärke ist die anwendungsbezogene problemlösungsorientierte Forschung, insbesondere die Evaluations- und Begleitforschung.

These 4: Damit Forschung in diesem Sinne gelingen kann, sind die entsprechenden Ressourcen und Rahmenbedingungen zu schaffen. Das betrifft insbesondere die Bereiche Ermäßigung der Lehrverpflichtung, Finanzen, Organisation und Personal – wie an forschenden Hochschulen üblich.

These 5: Gute Forschung und darauf aufbauende (kooperative) Promotionen sichern den akademischen Nachwuchs an Hochschulen für den öffentlichen Dienst, um auch in Zukunft qualifizierte Nachwuchskräfte für den öffentlichen Dienst ausbilden zu können. Forschung und Promotionen steigern die Sichtbarkeit und Attraktivität der Hochschulen für den öffentlichen Dienst.

Workshop 3: „Third Mission – Aufgabenfelder einer Hochschule für den öffentlichen Dienst neben Forschung und Lehre"

Moderation: Dr. Thomas Scheich (Hochschule für den öffentlichen Dienst in Bayern)

Präambel

Der Auftrag einer Hochschule für den öffentlichen Dienst umfasst neben Lehre und Forschung aufgrund der gesellschaftlichen Verantwortung weitere darüber hinausgehende Aufgabenfelder. Dazu gehört auch die Vermittlung der Grundlagen eines demokratisch geprägten freien gesellschaftlichen Zusammenlebens.

Im Rahmen der „Third Mission" ist dafür Voraussetzung, den Hochschulen neben den rechtlichen Möglichkeiten auch den Zugang zu den erforderlichen Ressourcen (z. B. Haushalts- und / oder Drittmittel) zu gewähren.

These 1: Zu den Aufgabenfeldern einer Hochschule für den öffentlichen Dienst gehört auch die Bereitstellung von Angeboten zur Fort-/Weiterbildung, insbesondere für Mitarbeitende des öffentlichen Dienstes.

Dies betrifft insbesondere auch die weitere Qualifikation im Bereich Digitalisierung und sozialer Kompetenzen.

These 2: Zu den Aufgabenfeldern einer Hochschule für den öffentlichen Dienst gehört auch die Beratung des öffentlichen Dienstes und der Politik sowie die Mitarbeit in Gremien und Projektgruppen bis hin zur Mitwirkung in Gesetzgebungsverfahren. Ziel ist es Innovationsprozesse anzustoßen und mitzugestalten und somit einen Transfer der Erkenntnisse aus der Wissenschaft in die Praxis zu gewährleisten.

These 3: Den Hochschulen für den öffentlichen Dienst kommt eine Vermittlerrolle zwischen Wissenschaft, Verwaltungen, Bürgerschaft, Politik und Wirtschaft zu. Diese kann u. a. durch öffentliche Symposien, Ringvorlesungen und Veröffentlichungen eingenommen werden. Dabei ist eine wichtige Aufgabe der Hochschule, Schrittmacher für den Transfer von relevanten Innovationen in die Praxis zu sein.

These 4: Wegen der wachsenden Zusammenarbeit der Verwaltungen im europäischen und internationalen Kontext ist eine weitere Vernetzung der Hochschulakteure (z.B. Lehrende und Studierende) notwendig.

These 5: Die Umsetzung oben genannter Vorhaben hat positive Wirkung auf die Identifikation der Mitarbeitenden mit ihrer Hochschule und trägt zur Steigerung der Attraktivität als Bildungseinrichtung und Arbeitgeber bei.

Themen der bisherigen Glienicker Gespräche

1. Ausländer und Verwaltung als Thema im Rahmen des Studiums an den Verwaltungsfachhochschulen, 1987

2. Verwaltungsfachhochschulen und Dritte Welt – Beiträge der Fachhochschulen für öffentliche Verwaltung zur Entwicklungspolitik und Verwaltungsförderung, 1988

3. Informationstechnik an Verwaltungsfachhochschulen in Lehre und Forschung, 1989

4. Verwaltungsausbildung im sich einigenden Deutschland, 1990

5. Fachhochschulen für den öffentlichen Dienst in den neuen Bundesländern, 1991

6. Zukunftsaspekte der Verwaltungsausbildung, 1992
   Die Reden und Materialien sind enthalten in *D. Bischoff & C. Reichard (Hrsg.), Vom Beamten zum Manager? Berlin, Hitit 1994*

7. Internationalisierung in Ausbildung und anwendungsbezogener Forschung der FHöD, 1993
   P. Heinrich & A. Strohbusch (Hrsg.), Internationalisierung in Ausbildung und anwendungsbezogener Forschung an Fachhochschulen für den öffentlichen Dienst (Beiträge aus dem FB 1 H. 35), Berlin, FHVR 1994

8. Auf dem Weg zu einem einheitlichen Fachhochschulsystem?, 1995
   D. Bischoff & R. Leppek (Hrsg.), Auf dem Weg zu einem einheitlichen Fachhochschulsystem (Beiträge der Hochschule Nr. 1), Berlin, FHVR 1995

9. Der Beitrag der Fachhochschulen für den öffentlichen Dienst zur Verwaltungsreform durch Ausbildung, anwendungsbezogene Forschung und Weiterbildung, 1996
   D. Bischoff & W. Teubner (Hrsg.), Der Beitrag der Fachhochschulen für den öffentlichen Dienst zur Verwaltungsreform durch Ausbildung, anwendungsbezogene Forschung und Weiterbildung (Beiträge der Hochschule Nr. 2), Berlin, FHVR 1996 – vergriffen

10. Die Fachhochschulen für den öffentlichen Dienst nach den Empfehlungen des Wissenschaftsrates, 1997
W. Teubner & H.-P. von Stoephasius (Hrsg.), Die Fachhochschulen für den öffentlichen Dienst nach den Empfehlungen des Wissenschaftsrates (Beiträge der Hochschule Nr. 6), Berlin, FHVR 1997

11. Marketing und Sponsoring am Fachhochschulen für den öffentlichen Dienst, 1998

12. Modernisierung durch Ausbildung – Innovationsdruck und Innovationen in Studiengängen für den öffentlichen Sektor
P. Heinrich (Hrsg.), Modernisierung durch Ausbildung – Innovationsdruck und Innovationen in Studiengängen für den öffentlichen Sektor (Beiträge der Hochschule Nr. 16), Berlin, FHVR 2000
D. Bischoff (Hrsg.), Modernisierung durch Ausbildung – Innovationen in Studiengängen für den öffentlichen Sektor, Reihe Verwaltung, Recht und Gesellschaft, Band 11, Hitit Verlag, Berlin 2000

13. Leistungsorientierung in der Verwaltungsausbildung
P. Heinrich (Hrsg.), Leistungsorientierung in der Verwaltungsausbildung (Beiträge der Hochschule Nr. 19), Berlin, FHVR 2001

14. Der Beruf, die Praxis und das Studium – Entwicklungen, Wechselwirkungen, Modelle
P. Heinrich (Hrsg.), Der Beruf, die Praxis und das Studium – Entwicklungen, Wechselwirkungen, Modelle (Beiträge der Hochschule Nr. 20), Berlin, FHVR 2002

15. Der Bologna-Prozess – Chancen und/oder Risiko für die Fachhochschulen für den öffentlichen Dienst
P. Heinrich (Hrsg.), Der Bologna-Prozess – Chancen und/oder Risiko für die Fachhochschulen für den öffentlichen Dienst (Beiträge der Hochschule Nr. 24), Berlin, FHVR 2004

16. Bachelorisierung und Masterangebote – Perspektiven der Umsetzung des Bologna-Prozesses
P. Heinrich und D. Kirstein (Hrsg.), Bachelorisierung und Masterangebote – Perspektiven der Umsetzung des Bologna-Prozesses (Beiträge der Hochschule Nr. 25), Berlin, FHVR 2005

17. Ökonomisierung des Hochschulwesens
P. Heinrich und D. Kirstein (Hrsg.), Ökonomisierung des Hochschulwesens (Beiträge der Hochschule Nr. 27), Berlin, FHVR 2006

18. Hochschulen in vernetzter Verantwortung – Die Rolle der FHöD
H. P. Prümm und D. Kirstein (Hrsg.), Hochschulen in vernetzter Ver-antwortung – die Rolle der FHöD (Beiträge der Hochschule Nr. 28), Berlin, FHVR 2007

19. Begeisterung für die Verwaltung – ein Widerspruch in sich?
H. P. Prümm und D. Kirstein (Hrsg.), Begeisterung für die Verwaltung – ein Widerspruch in sich? (Beiträge der Hochschule Nr. 29), Berlin, FHVR 2008

20. Braucht die öffentliche Verwaltung eine eigene Ausbildung?
H. P. Prümm und D. Kirstein (Hrsg.), Braucht die öffentliche Verwaltung eine eigene Ausbildung? (Beiträge des Fachbereich 3 – Nr. 01), Berlin, HWR 2009

21. Privatisierung der akademischen Ausbildung für die öffentliche Verwaltung
H. P. Prümm und D. Kirstein (Hrsg.), Privatisierung der akademischen Ausbildung für die öffentliche Verwaltung (Beiträge aus dem Fachbereich Allgemeine Verwaltung – Nr. 05/2010), Berlin, HWR 2010

22. Aus- und Weiterbildung in einer Hand – Spezifische Fachdidaktiken und Weiterbildungstools an den FHöD
H. P. Prümm und D. Kirstein (Hrsg.), Aus- und Weiterbildung in einer Hand – Spezifische Fachdidaktiken und Weiterbildungstools an den FHöD (Beiträge aus dem Fachbereich Allgemeine Verwaltung – Nr. 10/2011), Berlin, HWR 2011

23. Gute Lehre und Forschung trotz schwieriger Rahmenbedingungen. Neue Strategien und Instrumente
D. Lück-Schneider und D. Kirstein (Hrsg.), Gute Lehre und Forschung trotz schwieriger Rahmenbedingungen. Neue Strategien und Instrumente (Beiträge aus dem Fachbereich Allgemeine Verwaltung – Nr. 14/2012), Berlin, HWR 2012

24. Verwaltungsethik - Selbstverständnis und Themenfelder in Lehre, For-schung und Praxis an den FHöD -
D. Lück-Schneider und D. Kirstein (Hrsg.), Verwaltungsethik - Selbstver-ständnis und Themenfelder in Lehre, Forschung und Praxis an den FHöD (Beiträge aus dem Fachbereich Allgemeine Verwaltung – Nr. 17/2013), Berlin, HWR 2013

25. 25 Jahre Glienicker Gespräche. Rückblick und Ausblick.
   D. Lück-Schneider, D. Kirstein (beide Hrsg.), 25 Jahre Glienicker Gespräche. Rückblick und Ausblick (Beiträge aus dem Fachbereich Allgemeine Verwaltung Nr. 22/2014). HWR Berlin. 2014
   D. Lück-Schneider, E. Kraatz (beide Hrsg.), Kompetenzen für ein zeitgemäßes Public Management. Herausforderungen für Forschung und Lehre aus interdisziplinärer Sicht. Zum 25. Jubiläum der Glienicker Gespräche (HWR Berlin Forschung 56/57). Berlin: edition sigma. 2014

26. Gesundheitsmanagement in der Öffentlichen Verwaltung. Berührungspunkte zu unseren Lehrgebieten, Wünschenswertes für die Praxis und unsere Hochschulen.
   D. Lück-Schneider, D. Kirstein (beide Hrsg.), Gesundheitsmanagement in der Öffentlichen Verwaltung. Berührungspunkte zu unseren .Lehrgebieten, Wünschenswertes für die Praxis und unsere Hochschulen. (Beiträge aus dem Fachbereich Allgemeine Verwaltung Nr. 5/2015). HWR Berlin. 2015

27. Attraktivität der Ausbildung für den Öffentlichen Dienst.
   D. Lück-Schneider, F. T. Furtak (beide Hrsg.), Attraktivität der Ausbildung für den Öffentlichen Dienst. Studieninhalte, Fachkräftebedarf und Karrierewege. (Redebeiträge und Thesen des 27. Glienicker Gesprächs). Hamburg: Tradition. 2016

28. Die Digitalisierung in der öffentlichen Verwaltung und hieraus resultierende Veränderungen für die Praxis, Lehre und Forschung.
   D. Lück-Schneider, F. T. Furtak (beide Hrsg.), Die Digitalisierung in der öffentlichen Verwaltung und hieraus resultierende Veränderungen für die Praxis, Lehre und Forschung. (Redebeiträge und Thesen des 28. Glienicker Gesprächs). Verwaltung und Management 5/2017

29. Veränderungen der Kommunikationsformen und Wandel der Kommunikationskompetenzen als neue Herausforderungen für Studium und Lehre an den Fachhochschulen für den öffentlichen Dienst.
   E. Kraatz (Hrsg.), Veränderungen der Kommunikationsformen und Wandel der Kommunikationskompetenzen als neue Herausforderungen für Studium und Lehre an den Fachhochschulen für den öffentlichen Dienst. (Redebeiträge und Thesen des 29. Glienicker Gesprächs). Hamburg: Tradition. 2018

Zeitfracht Medien GmbH
Ferdinand-Jühlke-Straße 7
99095 Erfurt, Deutschland
produktsicherheit@kolibri360.de